# 下流世代

## 我們注定比父母更貧窮

## 99%：Mass Impoverishment and How We Can End It



馬克・湯瑪斯 Mark E. Thomas —— 著　林凱雄、盧靜 —— 譯

# 下流世代：我們注定比父母更貧窮

## 目錄

# 前言

達爾文根據天擇原理提出演化論時，科學界花了好一段時間才接受。雖然演化的大觀念很快獲世人認可，達爾文提出的具體機制「天擇」到一九四〇年代才獲科學家完全肯定。

《廣義相對論》（*General Theory of Relativity*）於一九一五年出版，直到一九六〇年代才廣獲世人接受。

伽利略為自己的科學主張發表撤銷聲明的三百五十九年後，天主教會才接納了地動說。

重大概念要為人接受，顯然需要時間。

不過就本書述及的概念而言，我們的時間不多了。我們的社會正走向自我毀滅，而且依照現行速度，到了二〇五〇年就會面目全非。

所以我有個迫切的請求：一旦你讀完這本書，請將它傳給另一個朋友，並且與家人、同事、新交舊識討論書裡的想法。此外，也請你根據第三部提出的建議採取行動。如果我們都盡一分力，改變就會發生——所以，請你一定要出力。

M・E・T，二〇一八年十一月，99-percent.org

「放下成見，永不嫌遲。任何想法或作法的歷史再悠久，凡無證據都不能置信。」

亨利・大衛・梭羅（Henry David Thoreau）

# 本書緣起

我寫這本書有個理由，而我希望你也有同感：我想要幫忙打造一個適合我兒孫輩生活的世界。

近年來，雖然我很不情願這麼想，我仍體認到我們正在打造的世界極有可能不適合後代生存。如果我能幫忙改變這件事，必定奉陪——這也是為何我想與你分享我收集到的資料，好讓我們能一起把世界導回正軌。

且容我解釋。我的孩子出生時，我理所當然地以為經濟的發展會確保他們有更多機會，生活或許也會比我更優渥。那時候在我看來，一代比一代機運更好幾乎是自然定律，我猜當時許多人也這麼想，而我的前幾代長輩也一定這麼確信。我的祖父母沒有一位上過大學。我的爺爺為福特汽車工作，奶奶則是家庭主婦，從前他們過著安適的中產階級生活。我的外公是簿記員，外婆是護士，他們的日子過得沒那麼舒服，但也不窮困。

我的父母親在第二次世界大戰後成年，而當時你只要聰明又用功就能上大學，他們的確也都這麼做了，兩人其實就在大學相遇——我母親主修歷史、父親主修工程，而他們畢業後有更多更有趣的工作選擇：母親身兼記者與教師，父親則從事研發與科技報導，最終在新聞事務部門供職。

所以我父母比我的祖父母富有，正如同我也比雙親發達。然而在今天，我們正在見證近代史上出現第一個世代，能預期自己在經濟持續成長的情況下仍落得比父母更貧窮。

這是前所未有的情況。

**近代史上從未有過比父母更貧窮的一代人。**

而且他們可能會比父母窮很多。

我花了好長時間才悟出這個令人震驚的道理，請容我解釋我的腦筋是怎麼轉過來的，這說來話長，不過促使我寫下這本書的最關鍵事件，都在近幾年間快速發生。

我在一家大型跨國顧問公司掌管策略顧問事務，協助公私部門的客戶面對決策性挑戰、預測並掌握商業界或更廣泛全球事務的發展潮流。探索未來是我的分內工作。

我有位同事負責防禦和保安部門，這是我們公司一個成功的大型部門，經手一些龐大而重要的公家計畫，與我所屬部門的差異在於他們無緣接觸高層決策人士。一天，那位同事問我，我們有沒有可能合作建立一個聯絡網，成員是防禦保安部門的最高階員工，並且將商業策略的分析技術應用於迫切的國防問題。

我們的第一個考驗很快到來。二〇一一年，阿拉伯之春爆發，這波橫掃阿拉伯世界的革命潮讓多數西方國家猝不及防。沒錯，西方國家政府是有幾個專家曾覺得事有蹊蹺，不過就國家機關與整體而言，西方世界都毫無準備。外交、軍事與保安機構都得蒼促應對，必須了解此事在全球層面的後果並提出政策回應，而且動作要快。

阿拉伯之春使一些根本的議題浮出檯面：這對西方世界會有什麼衝擊？接下來爆發革命的會是哪個國家？我們該如何反應？我決定把焦點放在預測性的問題上：我們當初有能力預言阿拉伯之春的到來嗎？

就某個層面而言，答案顯然是「沒有」。阿拉伯之春始於身分至今不明的一名街頭攤販自殺案，導致中東十八個國家爆發起義與革命，其中四個國家因此出現混亂的政權轉換。任何人的分析再怎麼精妙，都無法預測二〇一一年的事件會如何演進，不過我們的團隊在分析時，發現受阿拉伯之春衝擊的國家都有某些非常明顯又很令人憂心的問題。這些國家共通的四個問題是經濟困難、沒有民主機制安全閥、種族或教派分歧、高壓的法律與維安，而其中的**經濟困難問題**吸引了我的注意。

不過等我們對其他國家進行同樣分析，真正令我震驚的事情浮現了。我當時已經注意到不平等加劇是西方世界的一個問題，但直到我們的團隊完成分析，我才了解到這問題的影響範圍之大。

我們發現，當下經濟不平等趨勢的持續不絕，對多個西方主要國家的文明造成**關乎存亡的威脅**，美國與英國也名列其中。這個結論令人膽寒。

長此以往，我們今日享有的文明將無法持續到二〇五〇年。

初期徵兆已可見端倪。我們在二〇一七年眼見經濟蓬勃發展、股市來到前所未有的高點，然而在同一時間，我們也耳聞薪資跟不上通膨，食物銀行的「顧客」比以往都多。

如果經濟這麼好，為什麼大多數人過得不好？如果餅正在變大，為什麼我們並未全都分得更大的一塊？如果我們如此富裕，為什麼下一代會是現代史上首個比長輩貧窮的世代？如果你已經讀到這裡，馬上會發現其中不合邏輯之處。如果你跟我心有同感，會想知道自己能做些什麼來扭轉事態。

## ◎大規模貧困的興起

在接下來的篇章中，「大規模貧困」（mass impoverishment）將會相當頻繁地出現，而這個我自創的詞是用來描述一種我們要是不盡快著手修正、將可能成為新常態的狀況。簡而言之，這是一種發展過程：即使經濟總額繼續成長，大多數民眾會現自己得被迫接受愈來愈小的分額。

如果大規模貧困依現行速度持續發展，到了二〇五〇年，大多數美國人都將活在貧困或近貧狀態中。事實上，二〇五〇年的世界對活在現今西方世界的一般人來說將變得面目全非。如果你有孩子，二〇五〇年的世界不會是你現在與他們共享的這一個。我們會在第一章更深入探索這個議題。

不過，二〇五〇年那個反烏托邦的未來可以避免。如果我們退一步觀之，開始質疑我們為製造、取用與分享財富的基本原理所做的一些假設，會發現有其他選項可以探索。心存懷疑者可能會說，多數國家為國民做的事情都比英美兩國更不如，而這話確實沒錯。然而就貧窮人口率、薪資成長、社會流動性與整體生活滿意度而言，還是有為數頗眾的國家一直都做得比英美更好，我們可以從這些國家取經。

我們也能以歷史為借鏡——我們曾經歷過的「資本主義黃金時代」就在不久以前——二次世界大戰後有一段時期，包括英美在內的大多數已開發國家都嚐過經濟奇蹟的滋味。我們還是很有可能開創一個相似的榮景期：孩子能重拾比父母更富裕的盼望，也能對社會有更多貢獻，並且堅定地決定世界的未來。

如果你已經認為本書許多內容都難以置信，我也能夠理解，因為幾年前的我也會這麼說；這與你從許多政治人物口中聽到、在報上看到的說法完全抵觸。

不過事實不容爭辯——而且它們陳述的故事清晰無誤。正式統計數據凸顯出的景況，比多數政治人物描繪的樂觀畫面黯淡許多。我在研究並撰寫本書時的座右銘是相信事證、懷疑主張，所以你又有什麼理由相信我呢？你是不該相信我——至少不該只從本書讀到這些話就信了。在這本書裡，以及我們有更多細節內容的網站上，你都會發現一些資料跟工具，能讓你憑事實做出有根據、自主且合理的判斷。

等你閱畢本書，我希望你不只能用另一個角度看世界，也有信心認為事實站在你這一邊，新的豐足黃金時代有可能實現，而且我們如果馬上行動，絕對可以留給後代子孫一個更好的世界。

序章

# 關於經濟，你需要知道的五件事

錢不是唯一解答，但有錢會有所不同。

——巴拉克・歐巴馬（Barack Obama）

你可能從沒讀過經濟學的書，或許是對這門學問從來不感興趣，又或許覺得它太難懂了。其實我相信，如果你看得懂最頂級的運動賽事，就有能力了解你所需要知道關於經濟學的一切。

如果你已經知道國內生產毛額的定義，也熟悉收入不平等的所有主要議題，那麼你可以放心跳過這一章、從第一部讀起，也就是故事的起點。要不然，這一章會給你一些工具，是了解你個人與其他社會成員的（經濟）現況所不可或缺。

經濟學在某方面而言確實很複雜，世界上沒有人對經濟透徹了解到能正確預測它的未來走向。正如牛津大學經濟學教授賽門・倫恩—路易斯（Simon Wren Lewis）所言：

總體經濟學模型導出的總體經濟預測，通常比聰明的猜測好不了多少。這不只是個人意見——事實如此。此事屬實，是因為許多聲譽卓著、歷時悠久的經濟模型預測檢視了自己過去的錯誤，而這就是他們的發現。

足球跟棒球當然也一樣。世界上沒有人對這些運動了解到足以預測隔年的英格蘭足總盃或世界大賽冠軍，**但這也沒阻止粉絲對現在與過去的球賽瞭若指掌**。

經濟學也同理可證。要預測經濟的未來或許很難，但你不需要天賦異稟才能了解經濟的過去和現在。就如同運動，你只需要搞懂得分規則就可以了。一旦你了解計分方式，就能看出誰贏誰輸。

如果你隨我讀完這一章，並且掌握幾個基本概念，就能自行判斷什麼方法有效、什麼不管用，誰在獲益、誰又沒有。如果經濟現況對你沒有益處（在英美兩國，**經濟現況對大部分民眾都沒有益處**），了解箇中原因就很重要了。

你也不需要在牛津教書才能明白，經濟學有時會**沒必要地**令人困惑。其實，我接下來要在本章向你證明的事，正是無論背景或個人興趣，你都能了解基要的經濟學——你值得了解我即將向你解釋的概念，也有**本分**確定自己了解這些概念。

當你聽聞政治人物談論經濟，他們的部分說詞確實無誤，但其中很多不是會誤導人（用脫離脈絡的事實來傳達錯誤印象）就是純屬不實。記者也一樣，社群媒體上的名嘴更是如此。本章會給你一些能用來分辨真偽的必要工具，而且你**需要**知道真偽差異何在，否則你可能會發現自己剛為你的家庭落入貧窮投了一票。

以下是你**必須**知道的五件事。

## 事實一：經濟是我們用於創造與分配價值的系統

當畢卡索選用一批顏料與幾張綳在木框上的畫布、畫出一幅藝術傑作，他**創造了價值**。那些顏料和畫布原本就有某些價值，但畢卡索創造出的畫作，其價值遠高於生產投入（顏料／畫布）的價值。這就是一種價值創造。

再舉一個更普通的例子：試想有一個農夫生產出穀物、雞蛋與牛奶。一個磨坊主人將穀物磨成麵粉，提升了它的價值，而一個製乳場為牛奶增值的方式是把它做成奶油。最後，麵包師又為麵粉、雞蛋和奶油增值，用它們做出蛋糕。這個蛋糕比穀物、雞蛋和牛奶這些原料都更值錢。這是另一種價值創造。

創造出來的價值由參與創造過程的人分享：農夫藉由販賣穀物、雞蛋和牛奶獲得收入；製乳場買牛奶，從賣奶油獲得收入；磨坊買穀物，從賣麵粉獲得收入；麵包師買麵粉、雞蛋和奶油，從賣蛋糕獲得收入。如此這般，一連串不同參與者藉由他們從事的一連串活動**創造蛋糕的價值**，並且彼此**分配這個價值**。這是一個價值創造與分配的系統。

經濟整體來說就是一個遠更為龐大與複雜的價值創造與分配系統，但原理相同。

## 事實二：錢至關重要

錢在現行經濟系統中扮演了關鍵角色，讓我們從以物易物、互換商品與服務的方式更上一層樓。製乳場購買牛奶時支付的是錢，而不是奶油。磨坊購買穀物時支付的是錢，而不是幾袋麵粉。麵包師購買麵粉、雞蛋與奶油，付的也是錢。經濟學家會說，錢在這些交易中扮演一種**交易媒介**。

錢也是一種**記帳單位**：如果我們想說每次交易交換了**多少**價值，因為所有交易用的都是錢，我們因此得以計量其價值（任意一種貨幣單位皆可）。

錢還有第三種功能：它能作為一種**價值儲藏**。我想的話，可以把一些錢存在銀行裡或壓在床墊下，之後再花。

我們現在使用的錢叫做法定（fiat）貨幣，拉丁文字源的意思是「順其自然」。法定貨幣制自一九七〇年代初期開始運行，在此之前，美元、英鎊與多數其他貨幣都以黃金為基準，這是「金本位」制度：一美元或一英鎊的價值是根據它等同多少金價來換算。一九七一年，美國尼克森總統終止了美元換算黃金的作法。如今的一美元之所以有價值，純粹是因為美國政府認定如此，而且用美元納稅是法定義務，因此民眾光基於這一點就需要它，此外也是因為全體社會都接受了美元有價值的概念。這在其他國家也同理可證。

法定貨幣（幾乎）是無中生有的產物，以下列各種方式生成：

1. 一國的中央銀行（例如英格蘭銀行或美國聯邦準備系統）能造幣與印行鈔票。
2. 一國的中央銀行能創造電子版的錢。
3. 商業銀行能藉由發放貸款創造出電子版的錢，而**這就是鉅額金錢被創造出來的方式**。

如同英格蘭銀行的解釋：

> 在現代經濟裡，大部分的錢都以銀行存款的形式存在。不過這些存款如何生成常遭到誤解：主要方式是透過商業銀行放貸。銀行凡發放一筆貸款，就同時在借債人的戶頭中創造出等值存款，新的錢也因此生成。

你不需要了解銀行究竟是如何做這件事——重點在於他們**確實在這麼做**，而這就是大多數金錢產生的方式。

英格蘭銀行又解釋，這些藉由借貸生出的新錢，也能在貸款償還時再度銷毀——否則，這筆錢就會被花掉，並且在經濟體中**創造額外的需求**。

## 事實三：價值的流量與存量，兩者對你都很重要

在一個以錢為運作基礎的經濟體裡，創造出來的價值是以美元或英鎊（或某國所用貨幣）來計量，但不是所有的價值創造都涉及金錢交易。如果我花錢雇用庭園造景公司來修剪我的草坪，他們對創造價值的貢獻可以被計量，因為金錢易主了。如果我自己推草坪，也會創造出**相同的價值**（草坪一樣很美觀），卻**不會**被計量，因為金錢沒有流動。

雖然用金錢流量來計量被創造的價值有此一缺陷，但目前尚未有人提出更好的方式。以金錢流量來衡量價值，仍是經濟學家與政治人物看待經濟的標準方式；這是經濟統計數據彙編的方式，也是我用以貫穿本書的觀點。

根據這種以錢為基礎的觀點，我們可以把經濟體裡的有價產品與服務想成是在往某個方向流動，金錢則往反方向流動。大多數人都不被允許創造金錢（這是重罪），當然也都很注意不要毀損金錢。因此，在經濟體裡的絕大部分區塊裡，錢都不會被創造或銷毀。

如果流入一個系統某部分的錢比流出的多，剩餘的錢就能以價值「存量」的形式儲存起來。一名屋主可以把多餘現金收在床墊下，但實際上錢比較可能被存進銀行帳戶。無論何者，這都是有價值的金錢存量，能留待日後提取。擁有剩餘，通常表示價值被附加到一個存量上了。剩餘的反面是短缺，而這會削減存量的價值：如果我有一些存款，

但後來花的錢比賺的多，我就會動用存款——這削減了我存款的價值。

你的收入是一種流量，財富則是一種存量：兩者並不相同，但對你都很重要。

## 事實四：國內生產毛額是被創造出可用於消費的總體價值

當畢卡索畫出一幅曠世巨作，作畫這個動作創造出價值，但價值並未在經濟體裡流動，除非他賣掉那幅畫並收到現金作為回報。國內生產毛額是在特定時間內（通常是一年），對一國國內被創造價值的整體流量所做的計算。這包括藝術家將畫作賣給收藏家產生的價值流量，當然也包含許多其他的東西。

馬上就來審視經濟體的全貌確實很複雜，所以我們先從公司與家庭開始，接著再加入銀行、政府與世界其他部分。

後面的圖表說明經濟學家通常是如何看待經濟體，以及國內生產毛額（Gross Domestic Product, GDP）如何定義。首先，請想像一個只由家庭和公司組成的簡單經濟體。家庭成員裡有工資勞動者，為某家公司工作而得到薪水；地產所有人收取租金，資本主則獲得資本回收的紅利。[1]（這些可能都是同一個人，但不是每個家庭都有具備這些身分的人）。

經濟學家習慣將土地視為公司本身的生產投入，資本與勞工則是公司產品的生產投入，而公司以租金、紅利與薪資來支付這些生產投入。有了這些生產投入（其中當然可能包含來自其他公司的中間產品），公司就能產出社會所需的商品與服務。在前面的例子裡，麵包師得買奶油、麵粉和雞蛋才能烤蛋糕，而這裡的奶油、麵粉、雞蛋是中間產品，蛋糕則是最終產品。為了精簡，下圖中沒有代表購買中間產品的箭頭，因為這些採購只是讓金錢在公司間移動，對最終商品與服務的價值沒有直接影響。

家庭購買來自公司的最終商品與服務，這叫做消費者支出。麵包師可能也得先買個烤箱才能烤蛋糕，而烤箱雖然也是一種最終商品，但在這裡被視為公司的投資支出，而非消

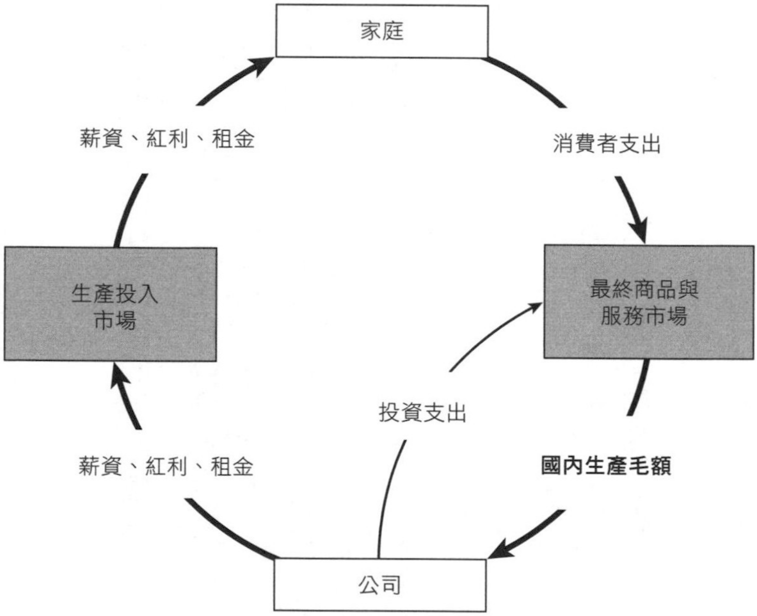


圖一：經濟體運作原理——家庭與公司

費者支出。在這個只由家庭和公司組成的簡單經濟體裡，國內生產毛額的定義是消費者支出加上投資支出的總額。

這張圖突顯了幾個至關重要的點。首先，請注意每個人的支出都是另一人的收入。從個人經驗就能了解這件事：我們每次花錢都是在將它付給另一人。不過這個看似明顯的重點所隱含的事實頗為違反直覺。個人或單一公司確實有可能在提高收入的同時控制支出（多數公司都致力於此），不過整體經濟提高收入的唯一方式是提高支出。對個人或家庭為真的事，對整體經濟來說卻不是。不論對政治人物或選民來說，這都是造成誤解的主因。

其次，金錢是循環流動的。在這個簡化的世界裡（沒有銀行、其他國家或外國公司），所有國內生產毛額不論是以薪資、紅利或租金的形式，最終都回到家庭手裡。在

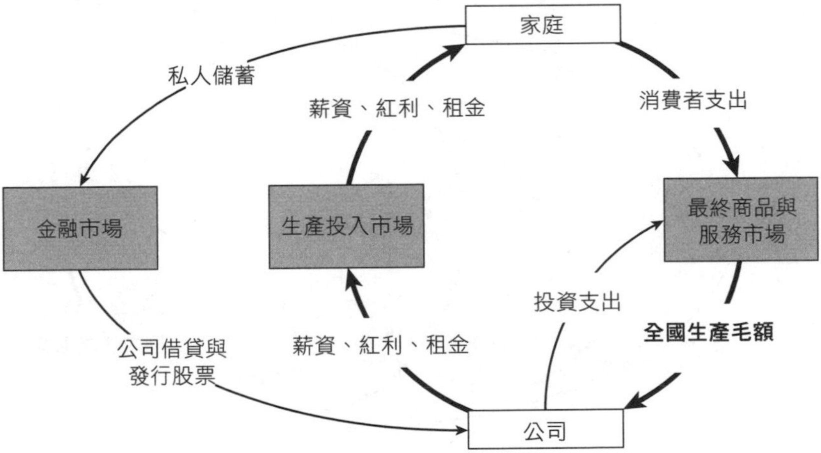


圖二：經濟運作原理——家庭、公司與金融市場

包含農夫、磨坊、製乳場與麵包師的前例裡，國內生產毛額代表蛋糕產生的價值。大體而言，國內生產毛額代表經濟體產出的商品與服務總值，也就是社會成員能消費的商品與服務總值。如果國內生產毛額提高，就表示有更多價值被創造出來，整個社會也能消費得更多。政治人物與經濟學家就是出於這個原因，才會集中大量心力來了解提升國內生產毛額之道。

真實世界裡除了家庭與公司，也有銀行與一般所謂的金融市場，將它們一併加入就有了下面這張圖。

在這張稍微更完整的圖片裡，家庭不需要花掉整年賺來的錢，把一部分存起來也可以。例

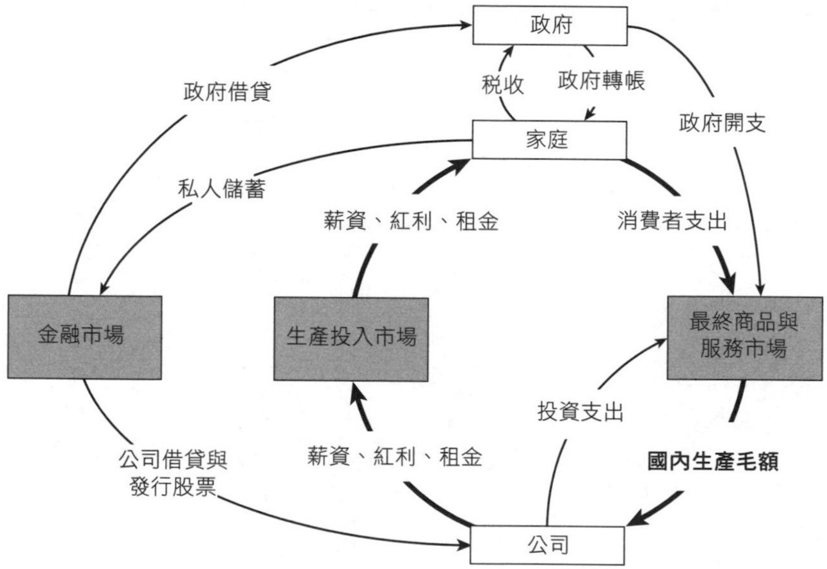


圖三：經濟運作原理（不計國際貿易）

如，他們可以把錢存進銀行，或用於購買債券和股票。銀行要能支付利息給儲戶，也必須有利息收入，所以得借錢給其他人（尤其是公司）才有收利息的對象。對公司來說，銀行與資本市場的存在帶來機會，讓公司能使用他們尚未擁有的金錢來投資。例如，一個初出茅廬的麵包師可能沒錢買新烤箱，但他可以跟銀行貸款創業，之後再拿麵包店的收入慢慢還給銀行。這個版本的經濟體如同圖一的最簡版，國內生產毛額的定義是消費者支出加上公司投資支出的總額。

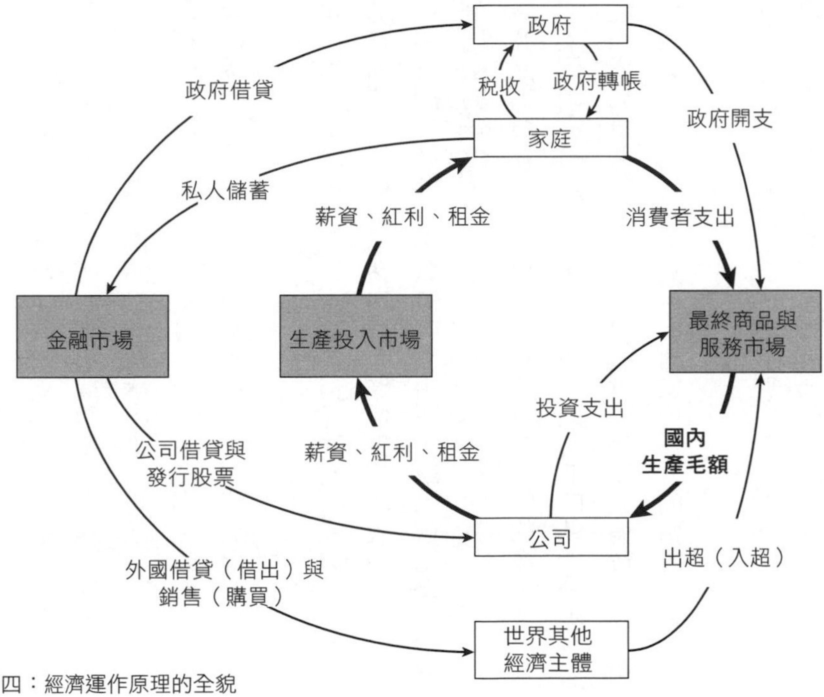


圖四：經濟運作原理的全貌

這些經濟示意圖缺少的另一個要角是政府。政府以兩種方式獲得金錢：向金融市場借貸、對家庭與公司徵稅。政府也以兩種方式付出金錢：政府支出（例如鋪設道路），以及直接將錢轉入家庭（例如公家退休金）與公司（例如政府補助款）。為了把下圖維持在可以掌握的簡單程度，政府與公司之間流量的箭頭沒有顯示出來。

在這個近乎完整的經濟示意圖裡，國內生產毛額的定義是消費者支出、政府支出，加上公司投資支出的總額。為了使這個圖完整，我們要切記各國會與別國進行貿易——所以世界其他地方也很重要。

如同前面提過的，這仍是未畫出所有箭頭的簡化示意圖，但意義已經完整，因為所有的經濟主體（能買賣任何東西的任何單位）都囊括在白底方框代表的四大類別裡。

在本圖中，你會看到我在括號內寫出會計師表示負值的慣用語。所以借出是借貸的負值；購買是銷售的負值；入超是出超的負值。

國外各地的經濟主體都能買賣商品與服務，如果他們向我們買的比賣的多，我國出口就大於進口，因此有了出超。如果他們賣給我們的比買的多，我國進口就大於出口而有了入超（近年來，英美兩國大致都處於這個狀態）。入超的意思是我們消費的商品與服務比我們生產的多，而我們支付的方式是向外國借貸或出售國內部分的資本存量——不論何者，我們都是在超支生活。

如果我們有入超，表示錢從我國流向世界其他地方，而他們不是把錢回頭借給我們，就是用於購買我國資本。例如他們可以購買房產、土地或既有的公司行號——實際上就是藉由我們的超支來一點一滴地購買我國財富。讓國家變窮的不是政府支出，而是入超。

現在我們終於看到國內生產毛額的完整定義：這是政府支出、消費者支出、公司投資支出，加上所有出超（或減去所有入超）的總和。如同前面所見，它代表我們考量的特定期間內（通常是一年），一國經濟體內被創造價值的總流量。你可以把國內生產毛額想成是整體社會的「本錢」。如果國內生產毛額提高，整體社會的本錢就變多；國內生產毛額降低，我們的本錢也變少。

如果一個經濟體完全只由農夫、磨坊、製乳場與麵包師組成，國內生產毛額就代表一年內蛋糕產生的總價值——也就是整體社會有本錢去消費的蛋糕總值。如果很多人共享這些蛋糕，每人得到的分量會比只有少數人分到的更少。因此，我們也該檢視社會每人平均可得的國內生產毛額，也就是人均國內生產毛額（GDP per capita）。人均國內生產毛額計算的是每名社會成員在一年內創造的價值——理論上，如果每個人平均分配被創造價值，人均國內生產毛額就是他們會得到的量。在人口快速成長的社會裡，國內生產毛額幾乎一定會提高，但個別社會成員的感受（他們是否真的更加富裕）會視人均國內生產毛額而定。

時間因素也很重要。國內生產毛額（與人均國內生產毛額）是以美元、英鎊或任一國定貨幣計算，而美元或英鎊的價值在長期間並不恆定，會因通貨膨脹而逐漸貶值。大致而言，一九〇〇年的一英鎊能買的東西，相當於二〇〇〇年的七十五英鎊。經過很長一段時間後，未調整的數值（也就是「名目」值）就不能用來比較，要改用依通貨膨脹調整過的「實質」值才行。在本書中，因為放大觀察的時間範圍往往能凸顯寶貴的脈絡，所以數據常以實質值引用。我們應該隨著時間檢視相應的實質國內生產毛額與實質家庭收入。

## 事實五：用量化來理解誰獲得什麼價值

還有另一個因素會決定每一個人獲得什麼：蛋糕分配的方式。在真實世界裡，國內生產毛額不是由全體人口平均分配，所以在這個比方裡，有些人會獲得多個蛋糕，另一些人只得到切出的一小塊蛋糕。

價值的分配方式對社會個別成員的體驗至關重要。如果我有一千美元來分給一百個人，我可以給每人十美元——這可謂完全公平的分配。另一種極端分法，是把一千美元全都給第一個人，其他人什麼也不給——這可謂完全不公平的分配。

在實務上，社會分配被創造價值的方式既非完全公平、也非絕對不公，而是介於兩者之間。要了解財富分配造成的影響，一定要能計量分配的方式。

我們以英國的家庭財富為實例來檢視分配方式。家庭財富是指每個家庭擁有的價值存量。在英國，英國國家統計局（Office for National Statistics）會收集整體經濟與個別收入與財富的數據，並發行公告。下面的圖五顯示英國的財富分配方式，也就是誰擁有多少價值。

這張圖表蘊含很多資訊，卻很難解讀。橫軸是人口的累積百分比，由左到右從最貧窮到最富裕，縱軸是這個百分比的人口所擁有的財富。由圖可見，人口中最貧窮的二十％幾乎沒有任何財富，基層的五十％擁有整體財富的十％左右，因此最富裕的五十％人口擁有整體財富的大約九十％。基層九十％的人口擁有五十六％的財富，因此收入在頂層十％的人擁有整體財富的四十四％。因為這類圖表很難解讀，經濟學家已經發展出一些計量值來概括某些關鍵資訊。

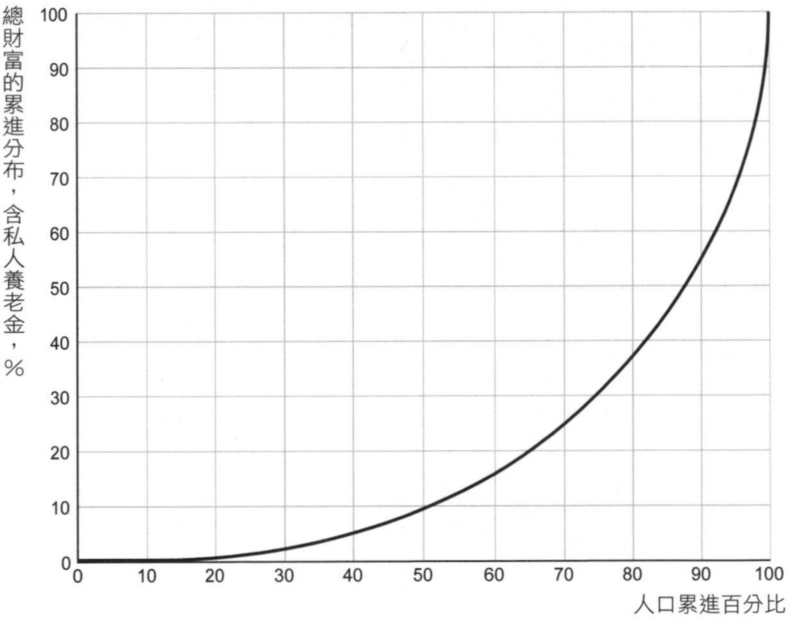


圖五：英國的財富分配方式（資料來源：英國國家統計局）

在本書中，我們會使用幾個不同的計量值來描述財富與收入是如何公平或不公平地分配。我們以只有十人的簡單人口為例，用後續幾張圖表說明這些數值的意思。

## ◎平均值與中位數

圖六列出的假想人口擁有三百八十二萬五千英鎊的總財富，而編號九與編號十的人共擁有三百萬英鎊，但他們顯然不代表整體人口的常態。

最簡單的計量值或許是人口的「平均」財富，也就是總財富除以總人口數（這嚴格來說是一種特定的平均值，叫做算術平均數），就本例而言是三十八萬二千五百英鎊。我們會注意到，這群人口只有兩名成員的財富高於平均值，所以這種平均值不代表一般成員的經驗。

比較可能代表一般成員經驗的計量值是

| 人員 | 財富 (英鎊) |
|---|---|
| 1 | – |
| 2 | – |
| 3 | 25,000 |
| 4 | 50,000 |
| 5 | 75,000 |
| 6 | 125,000 |
| 7 | 250,000 |
| 8 | 300,000 |
| 9 | 1,000,000 |
| 10 | 2,000,000 |

圖六：十人人口的財富分配（資料來源：解說用數據）

「中位數」。這個數值與位於人口中層的人有關——在本例中，中位數落在第五人和第六人之間，所以我們說財富中位數是十萬英鎊。這顯然比單單引用平均財富更有意義。本例的財富平均數與財富中位數比是三・八二比一。這是一種衡量不平等的數值：比值愈高，表示財富分配愈不公平。

在下頁圖表中可以看到幾個國家二〇一五年的實際數據。

在圖七範例選取的國家中，美國的成人平均財富最多，超過三十五萬美元。然而美國的財富中位數（一名一般成人名下的財產）略低於五萬美元，財富平均值和中位數的比例是七・〇九。在英國，成人財富平均值略高於三十二萬美元、財富中位數略高於十二萬六千美元，比數是二・五三。實際上，這表

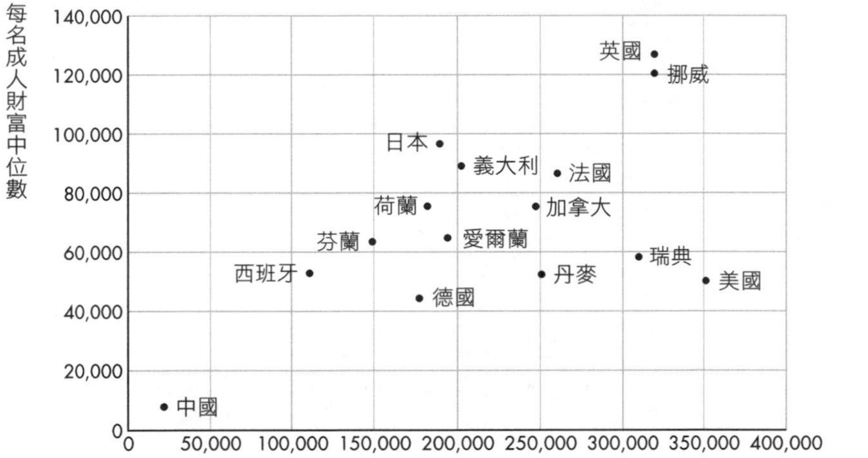


圖七：二〇一五年各國財富平均值與中位數

資料來源：《瑞士信貸財富報告》（*Credit Suisse Wealth Report*）

示一名標準英國成人比一名標準美國成人富裕超過兩倍——即使美國整體而言比英國富裕很多。

檢視不平等的另一個簡單方式，是研究收入在頂層十％人口所擁有的全部財富分額，或是頂層一％也可以。下列數值來自經濟合作與發展組織（Organisation for Economic Cooperation and Development），他們對幾個重大經濟體中頂層一％人口擁有的全國財富比例做了估計。

美國的頂層一％人口擁有超過三十五％的全國財富，而在大多數其他國家，這個財富占比介於十—二十五％之間。這樣的差異多少解釋了美國財富平均值與中位數的巨大差距。

| 國家 | 頂層1%人口擁有的財富分額 |
|---|---|
| 美國 | 37% |
| 德國 | 25% |
| 奧地利 | 24% |
| 荷蘭 | 24% |
| 盧森堡 | 22% |
| 葡萄牙 | 21% |
| 法國 | 18% |
| 西班牙 | 15% |
| 義大利 | 14% |
| 比利時 | 13% |
| 芬蘭 | 12% |
| 希臘 | 8% |
| 斯洛伐克共和國 | 8% |

圖八：各國頂層一%人口擁有的全國財富分額（資料來源：經濟合作與發展組織）

## ◎吉尼係數

衡量不平等的程度時，最廣獲使用的數值之一是吉尼係數（Gini coefficient）。吉尼係數看圖最好懂：下頁圖九顯示的數據與前面的圖六相同。

黑線代表完全平等的財富分配，灰線代表取自圖六表格的實際分配。兩線之間的差距可用於衡量不平等的程度。如果是絕對不平等，我們會看到財富累進折線貼著橫軸平躺，來到第十人時才垂直往上衝，使得完全平等與絕對不平等的兩條線形成一個三角形。這就是吉尼係數背後的概念；灰色的累進財富折線與黑色的

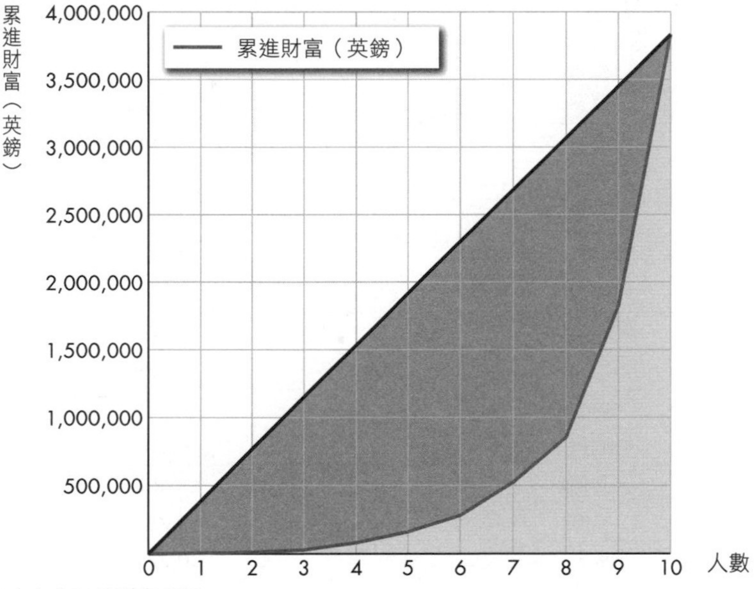


圖九：十人人口的財富分配

平等分布直線間的區域面積，除以前述三角形的面積，就是吉尼係數。財富分配完全平等的人口，吉尼係數會是零，絕對不平等的人口，吉尼係數會是一．〇〇。吉尼係數愈低，不平等愈輕微，反之亦然。

以吉尼係數來衡量世界上某些重要國家收入（與財富相對）不平等的程度，結果顯示於下表。

很顯然，沒有任何國家的收入完全平等，也就是吉尼係數為零；事實上，幾乎所有國家的吉尼係數都高於〇．二五。同樣地，也沒有任何國家的收入完全不平等，亦即吉尼係數為一．〇，代表全國財富都歸一人所有。在表列國家中，美國的收入最不平等，吉尼係數僅略低於〇．四。

| 國家 | 吉尼係數 |
|---|---|
| 美國 | 0.39 |
| 英國 | 0.351 |
| 希臘 | 0.34 |
| 西班牙 | 0.335 |
| 義大利 | 0.327 |
| 法國 | 0.306 |
| 德國 | 0.289 |
| 瑞士 | 0.285 |
| 瑞典 | 0.274 |
| 芬蘭 | 0.26 |
| 挪威 | 0.253 |
| 丹麥 | 0.249 |

圖十：各國收入不平等程度

## ◎經濟選擇

美國與英國（以及幾乎每個國家）都是混合型的經濟體，結合了資本主義與國營企業的活動，並且使用法定貨幣。這不是我們唯一能設想到的經濟運作方式。如果我們想的話，可以改變我們的系統、回到過去的金本位時代（有些人確實想這麼做），甚至回歸以物易物制。如果是眾多作法中另一極端的未來派，我們可以選擇一個完全在計畫下運作的經濟系統，使用人工智慧決定生產什麼東西、產量有多少、產品又該如何分配與分配到哪裡。

即使在使用法定貨幣的混合型經濟系統裡，還是有很多可能性（如同第十三章的解釋）。任何一個社會的經濟系統都是諸多選擇的結果（雖然這些選擇未必清楚明確），由社會全體或其中某些成員決定，而且在一個民主社會裡，應該以有益整個社會為目標來決定。

1 如果你擁有一家公司或與人共有一家公司，每年你都能預期收到現金「紅利」，就是你從該公司收益應得的分額。

·第一部分·

# 燃燒的平台

沒有人喜歡改變。

即使對現狀不滿，我們都知道且了解現狀，也不知道有什麼其他出路。改變本身很困難，而且導向的是不確定的未來，如同尼可洛・馬基維利（Niccolò Machiavelli）在近五百年前指出的：[1]

……帶頭引進事物的新秩序，是世界上最難掌握、最有風險、也最難以確定會成功的事，因為所有在舊秩序下如魚得水者，都是創新者的敵人，而那些可能在新秩序中如魚得水者，卻只會為創新者做冷淡的辯護。

然而，有些時候我們還是得改變。用變革管理（change management）的術語來說，「燃燒的平台」（burning platform）有非常明確的定義，指的是認清現況再也無法持守，即使害怕也一定要鼓起勇氣改變。正如同變革管理大師戴瑞・康納（Darryl Conner）的解釋：

一九八八年七月某天晚上的九點三十分，蘇格蘭北海外海的派珀・阿爾法（Piper Alpha）鑽油平台嚴重爆炸起火。在北海五十年來的石油輸出史上，這是至今最嚴重的事故，有一百六十六名平台工人和兩名救難人員罹難。安迪・莫肯（Andy Mochan）是鑽井監工，也是六十三名倖存工人之一。

他在醫院裡述說自己是被爆炸跟警鈴驚醒的。身受重傷的他從位於平台邊緣的宿舍逃出來，石油就在他腳下湧出水面、著火燃燒，扭曲的鋼筋與碎片殘骸散佈在水面上。因為水溫的緣故，他知道自己如果沒有獲救，頂多只能存活二十分鐘。即使如此，安迪還是從十五層樓高的平台躍入水中。

當被問及他為何要做這可能致命的一跳，他毫不猶豫地回答：「不是跳水就是被油炸，所以我跳了。」

在本書的第一部裡，我希望能說服你，此時此刻對多數人來說就是跳水或被炸死的關頭。

我們應該縱身一跳，不過在跳之前得先看清自己的位置。

1 馬基維利，《君主論》（*The Prince*），一五三二年。

# 第一章
# 我們正活在焦慮年代

生命中沒有任何事情需要懼怕，只要去理解即可。現在正是更了解萬事萬物的時候，好減輕我們的恐懼。

——瑪麗・居禮（Marie Curie）

我們的年代，是一個長期焦慮的年代。

我想，我們現今社會的集體恐懼，比許多人經歷過的都還要多。在美國與英國，很多人與房貸違約只有一張支票的距離，其他人則無力支應天價醫療服務。就連我們的孩子也不能倖免。每四名兒童裡有一人會在十八歲前經歷某種形式的焦慮症；過去十年間，女童的自殺率增為兩倍，男童的自殺率還更高。[1]

我們或許各有理由感到緊張、憂慮與焦躁，但我覺得現在有種逐漸擴大的共同感受：我們目前身處的經濟系統可能走到盡頭了。對愈來愈多的人來說，這種系統的運作就是有違期望，或是不按我們的需求來運作。

未來開始讓我們感到某種特別的恐懼。不久前，「未來」還是個魅力十足的字眼，充滿樂觀與保證。如今它再也不是了。不論未來如何，我們都懷疑那不會是好日子，工作機會跟錢變少、前景黯淡，環境也會破壞得更嚴重。

我在職業生涯中大多是擔任策略師，凡有人得知我的生計，至今他們最常問的問題都從這開始：**「你覺得以後會發生什麼事呢……？」**

外人對我們這專業會有的迷思之一，就是策略師、經濟學家與金融分析師能窺透時間的迷霧，直視未來。但我要老實告訴你——我們辦不到。我們就像占星學家、手相師和水晶球術士，會端著權威架子說出一套專業術語，手中確實也握有些強大的工具，不過我們的預測紀錄並非完美無瑕……尤其是經濟預測之難以準確，更是惡名昭彰。

經濟學不像硬科學那樣，處理準確的數據資料、可測試的假設與能重複的實驗。如果你想預測經濟，不只要與不充分的數據搏鬥，還有難解的人類行為、未知的計畫、古怪的動機、沒邏輯的偏好……這些全缺乏紀錄，又都可能（也真的會）在彈指間改變。

然後我們又要面對「科技」這股大破壞（Great Disruption）力量。接下來幾年，科技發展（特別是大部分工作的自動化）以及這些發展引起的政治回應將大大改善這個世界……或是造成極度負面的衝擊。全世界還沒有人能加以預測。

## 現今的經濟政策帶我們走向何方？

沒錯，以下這些我都只能用猜的：五年後你的房貸利率會有多高、明年瓦斯價格多少、哪匹馬會贏得國家賽馬大賽（Grand National）……不過我確實能告訴你當今世界已知的一些事情。

我也能告訴你，透過史料分析，政府的經濟政策變革對該國經濟表現（與公民的財富）有過怎樣衝擊——但這些都是過去的事。

此外我還能告訴你，如果我們不顧現行政策的效應、繼續貫徹執行，可能會發生什麼事。

這就是經濟預測與經濟分析的不同：預測得把各種不可知的未來決策納入考量，分析不用。經濟預測是想要一窺未來，預視將會發生的事。這是在黑暗中摸索，因為要對本來就未知的許多因素做出許多假設。經濟分析則是就已知事實做範圍小得多的推論，以說明在架構不變的情況下，可能發生什麼事。

而我現在要著手的不是未知，遠遠不是。本書預計探討的內容如下：

- 什麼是我們既有的經濟政策？
- 這些政策正在產生什麼影響？
- 它們對未來會有什麼影響——如果繼續施行不誤的話？

## 二〇五〇年的世界即將來臨

二〇五〇年看似遙遠，其實很快就會到來。沒人說得準我們到時是否會穿噴射背包、開飛行車移動（我的直覺是不會），但**假設現行政策仍持續不輟**，我們可以對經濟可能展望做一些相當清楚的估計。

所以說，二〇五〇年**將會**有什麼展望呢？幸好要回答這問題，我們其實只需檢視兩件事。首先是經濟這塊餅會如何變大？其次這塊餅會怎麼切分？

為了用接下來幾段回答這個問題，我將聚焦於美國，而這麼做有兩個原因：首先，雖然許多同樣趨勢在英國與其他國家也開始顯露端倪，但在美國更為明顯，因為美國陷得更深。第二個原因是，做這種分析需要優質的數據，而來自美國的紀錄品質比別國好。

我們從第一個問題開始：經濟成長。我會假設接下來的經濟成長將完全照一九八〇年起的模式繼續下去。為什麼是一九八〇年呢？因為從一九八〇年至今，我們主要生活在一種特定的經濟政策之下，我們也假設這種政策會持續下去，而下一章會就此做更多探討。

其次，我們必須考慮經濟大餅究竟會如何切分。這件事也很直接明確，因為我們能取得過去四十年的數據資料，而它們顯示的事實摘要如下：

- 大體而言，經濟政策的最優先要務，一直是防範社會底層有太多人落到低於貧窮線太多的地方。
- 其次是保障社會較富裕階層的收入持續成長——尤其是最富裕的一%。
- 優先次序最低的是保障中等階層的收入。

以下很快摘要說明這些政策造成的影響。為了更簡單明瞭，我沒有在本章呈現我的計算工作，你可以在本書原文版網站（99-percent.org）上的附錄一（https://99-percent.org/wp-content/uploads/2019/07/99-Appendix-1.pdf）裡找到這些計算根據的詳細方法與數據資料。

## 一個糟到極點的壞消息

如果這些政策繼續下去，到了二〇五〇年，美國過半數人口都將在活在貧窮或近貧狀態中。

彼時中產階級將完全消失——許多將目標市場放在中產階級消費者身上的公司行號也會隨之結束。這可是全世界最富裕的國家之一。

這有什麼意義？這表示二〇五〇年的美國可能與現在的南非很相似。養尊處優的社會菁英由重重保安護衛，以防範沒有分享到國家富裕果實的廣大平民。

大主教戴斯蒙・屠圖（Desmond Tutu）對南非在種族隔離政策終止後的進展感到失望，曾這麼說過：

我們曾夢想一個充滿同情心的社會，一個真正讓人民自覺重要的社會。但是在一個人民餓著肚子上床、許多孩子仍在樹下上課的社會裡，那是辦不到的。

簡而言之，美國的文明將會衰頹。英國也走在同一條路上，只是還不像美國走得那麼前面。

## 一些即將走到窮途的證據

我們暫時來看些數據，好讓你了解我的意思。

根據官方統計，在二〇一五年，美國略高於三億兩千萬的人口中有超過四千萬人處於貧窮狀態，[2] 等於每八人就有一個窮人。

在這大約四千萬人裡，大約有一千九百萬人處於深度貧窮——收入是美國官方貧窮線標準的一半以下。

根據官方定義，二〇一五年美國一家四口的貧窮線是每年兩萬四千兩百五十七美元收入，平均每人略高於六千美元，[3] 約合每天十七美元。

處於深度貧窮的人，每人僅靠略高於三千美元的年收入生存，換算成每日開支僅僅稍多於八美元。

尤有甚者，如同諾貝爾獎得主、經濟學家安格斯・迪頓爵士（Sir Angus Deaton）指出的：

……以全球標準來衡量，美國有五百三十萬絕對貧窮的國民。這數字與印度這類國家相較很少，卻比獅子山共和國（三百二十萬人）和尼泊爾（兩百五十萬人）多，大約與塞內加爾（五百三十萬人）相當，而且只比安哥拉（七百四十萬人）少三分之一。

如果現行政策持續到二〇五〇年，並且繼續發揮在過去三十五年間產生的效應，那麼統計數字到二〇五〇年將大致如下：[4]

- 美國總人口將有大約三億九千萬人，[5] 其中基層六十％人口到了二〇五〇年將看到自己的收入減少。
- 將近一半人口要靠相當於二〇一一年物價的兩萬七千美元家庭年收入過活，而這等同於今日底層二十％人口的收入。
- **大約一億人將活在符合現今標準的貧窮之中**，而這代表貧窮人口占總人口超過二十五％——與今日南非的貧窮率不相上下。

• 大約四千五百萬人將處於深度貧窮中。

• 大約一千三百萬人將處於全球標準的絕對貧窮中，勉力以每日不到四美元的開支度日。

對收入前一％的人來說，日子不會如此艱苦——根據相同基準，他們依通膨調整過的平均家庭年收入會從二〇一五年的約一百六十萬美元增加到二〇五〇年的五百萬美元之譜。

## 這些資訊對你有何意義？

這對你個人或你的孩子來說有何意義？如果你屬於那基層六十％的人（根據定義，這涵蓋了社會六十％的人口），答案很明顯：你將變得比現在更窮，而且可能窮很多。即使你運氣夠好，屬於收入排在前四十％那群人，所以這些預測認為你到二〇五〇年會比現在更富有，只不過，或許還是有兩件事會讓你凝神想想：

1. 如果你有小孩，你可以稍微扭轉乾坤到某個程度，好讓他們有超過四十％的機會續留在頂層四十％的族群裡，但除非你極為富裕，就無法擔保這件事。如果你有兩名子女，他們能繼續留在頂層四十%的機會可能略高於十六%。如果他們又各有兩名子女，你所有孫輩的收入仍在社會前四十%的機率僅略高於二・五%——機會不大。你在乎的人愈多，他們其中至少有一人將掙扎求存的機會就愈高。

2. 這些預測沒有納入考量的可能性是，到了二〇五〇年，幾乎所有工作可能都自動化了——機器能比人做得更好又更便宜。這對頂層四十%的大部分人將造成巨大壓力。換句話說，以上的預測可能還算樂觀了。

就算你真的是收入排名前一%的人，這樣的未來於你或許也不算誘人。那些際遇不如己的人所身陷的困境，已經使得許多有錢人感到不自在——如果他們現在就覺得不自在，二〇五〇年的世界可能更讓他們無法接受。

還是有那麼一絲可能，你既屬於頂端一%的族群，對同胞的苦難**也不覺困擾**。我已經耳聞這種人確實存在。不過，就算這些人不知怎地竟無動於衷，他們也不會覺得二〇五〇年的世界是流著奶與蜜之地。

因為太多錢集中在太少人手裡，即使對得益者來說也會帶來一個問題：通貨膨脹。雖然整體而言，現今的通貨膨脹很緩和，但奢侈品的通貨膨脹就不是了。正如避險基金專家保羅・辛格（Paul Singer）在《華盛頓郵報》（*Washington Post*）報導中的抱怨：

> 查查倫敦、曼哈頓、亞斯本、東漢普頓的房價，還有高級藝術品的價錢，你就能看

到全球最極致的惡性通膨是什麼樣子。

未來的五百萬美元家庭收入，實際上買得起的奢侈品可能不比現在的一百六十萬美元更多，對別人卻會造成極大的痛苦。

## 那麼，到底有沒有好消息？

好消息是，目前沒有跡象顯示這種推論導出的未來不可避免。然而，如果不要這種未來成真，過去三十五年來的政策一定要改變。

所以關鍵問題是，必須做些什麼才能優化這些政策？

為了回答這個問題，我們首先得釐清還有哪些選項可以考慮。政治人物常言之鑿鑿，表示現行路線於經濟是最佳可能，只能加以微調，**沒有任何替代方案**。

如果此言確實為真，那麼我們就該做好準備，因為未來有可能類似我前面描述的景況，或是更糟。

但如果**事實不然**，那麼所有選項都能一試。至於那些宣稱現行政策無可替代的名嘴與政客是否真值得重視，本書的第二部將再詳加探討。

最重要的是，本書第三部將提出可能的解決方案。

1 美國疾病管制與預防中心（Centres for Disease Control and Prevention），二〇一七年。

2 加州大學戴維斯分校貧困研究中心（Centre for Poverty Research, University of California, Davis），二〇一八年。

3 美國人口普查局（US Census Bureau），二〇一八年。

4 本書原文版網站的附錄一（https://99-percent.org/wp-content/uploads/2019/07/99-Appendix-I.pdf）也有這些估計所根據的數據資料。

5 美國人口普查局，二〇一八年。

第二章

# 逐漸褪色的黃金年代

那是最好的年代，也是最壞的年代，是智慧的年代，也是愚昧的年代，是信仰的時代，也是懷疑的時代，是光明的季節，也是黑暗的季節，是滿懷希望的春天，也是令人沮喪的冬天。

——查爾斯・狄更斯（Charles Dickens）[1]

雖然我們近來已鮮少提起，然而不久之前，我們還活在一個黃金時代裡。

第二次世界大戰結束後的七十年間，世界各地都出現劇烈變化，大多是往好的方向，而且所有變化都是在資本主義與國營事業並存的混合經濟體中發生。雖然現下世界許多地方仍有衝突與不穩，並沒有出現另一場世界大戰（希望以後也不會有）。科技大幅躍進。即使是已經很進步的經濟體，依通膨調整後的實質生活水準也有驚人的提升。

不過這種二戰告終以來的可觀進步，並非始終如一。戰後時期可以恰好劃分為兩個三十五年的時代，各自受到兩種不同的社會運行概念驅使，這兩大概念也造成迴然不同的結果。

一九四五－八〇年間是西方世界所知的資本主義黃金時代（Golden Age of Capitalism），後續的一九八〇－二〇一五年則是我所謂的市場資本主義時代（Age of Market Capitalism）。我想讓你看到的是，我們已經遺忘了經濟表現在資本主義黃金時代是如何地出色很多。

一九五七年七月，英國首相哈羅德・麥克米倫（Harold Macmillan）在一場保守黨集會演講時說：「在這個國家走一圈，去看看工業城市還有農場，你會看到一個無比繁榮的國家，是我這輩子從未有過的——在我國歷史上也確實如此。」

他說得沒有錯。

## 資本主義黃金時代

第二次世界大戰於一九四五年結束後，不論是戰敗或戰勝國顯然都需要重建國家經濟，也需要決心重建一個更好的世界。

就經濟層面而言，世人對一九二九年華爾街股市暴跌引發的經濟大蕭條仍記憶猶新，而主政者決意不再重蹈覆轍。在那段戰後時期，貿易重又興起、社會心態普遍樂觀，代表許多國家都經歷了經濟復甦。

世界各國政府接受了這個想法，也就是他們在推動與指引國內經濟方面扮演至關重要的角色。在這段期間，政府資助大型基礎建設計畫、創建強大的社會安全制度、發展醫療體系，並且投資人民教育與促進工業創新的基礎研究。

整體而言，這套系統似乎運作良好，直到一九七〇年代出現了一連串出人意料的衝擊：因為金本位制度終結，加上油價在兩次大幅上揚後飆升超過四〇〇%[2]，造成已開發國家的經濟產生嚴重問題，也導致所謂的停滯性通貨膨脹（英文的**stagflation**是結合代表經濟成長停滯的**stagnation**與物價上漲的**inflation**）。

這些事件帶來的綜合結果與經濟後果，是民眾對經濟管理喪失信心，外加一種絕望感——在三十五年的驚人進步之後，需要徹底的變革才能使經濟保持成長。

## 市場資本主義時代

徹底的變革很快到來。瑪格麗特・柴契爾（Margaret Thatcher）於一九七九年當選英國首相，隆納・雷根（Ronald Reagan）於一九八一年當選美國總統。這兩位領導人對於引進新型態資本主義居功厥偉，也就是市場資本主義。

市場資本主義的中心概念是**市場最懂**。根據市場資本主義，政府的干預不論立意多麼良善，都會消耗私部門更能善加利用的資源，因此無可避免地拖累經濟表現。雷根簡潔有力地總結了這種觀點：「政府不是解決之道，而是問題所在。」

根據這種學說，自由市場或許偶爾會經歷痛苦的創造性破壞期，但要確保資源獲得最佳運用、經濟有最高成長、社會創造的財富最公平分配，這都是唯一的方式。

這種說法很動聽：簡單明瞭，又有強烈的工作倫理為後盾。我個人也對此多年深信不疑。

從資本主義黃金時期到市場資本主義時期，體制上最大的改變是政府干預不再被視為緩解經濟困境的必須手段。柴契爾夫人與雷根都在一九七〇年代掌握大權，也因為推行了各自版本的市場資本主義而名留青史：「柴契爾主義」（Thatcherism）與「雷根經濟學」（Reaganomics）。

柴契爾主政時的英國財政大臣尼格爾・勞森（Nigel Lawson）說柴契爾主義的意思是：「自由市場、金融紀律、嚴控公共支出、減稅、國族主義、『維多利亞式價值觀』（山繆・斯邁爾斯（Samuel Smiles）堅持人必自助那種）、私有化，加上少許民粹主義。」

在此同時，共和黨眾議員傑夫・鄧肯（Jeff Duncan）將雷根經濟學總結為：「限制政府、降低稅賦、削減政府開支。這是雷根經濟學的三大原則，為我國帶來超過二十年經濟成長與繁榮的原則。」

因此，市場資本主義有兩大目標：

1. 鬆綁私部門
2. 限縮政府

這些原則也確實得到執行。自一九八○年以來，在英美與許多其他國家，政策方向一直是在各方面盡可能鬆綁（減少政府管制）——特別是對金融服務業加諸「輕度」管制；盡量私有化，並且在無法完全私有化時委外經營；調降所得稅稅率；節約公共支出；削弱工會運動的力量。

換句話說，政府一直以來想做的就只是別擋住生意人的路，並且把所有其他擋路的人移除。

只不過，市場資本主義時代仍不時出現危機，最近也最嚴重的一次是始於二○○七年的全球金融海嘯，在二○○八年九月美國第四大投資銀行雷曼兄弟（Lehman Brothers）破產時達到顛峰。

許多金融分析師認為，二○○八年危機是自一九二九年大蕭條以來最慘重的金融業危機。有些人還覺得更糟，英格蘭銀行副行長說這「……或許是人類歷史上規模最大的金融業危機」。[3]

每個人都或多或少被二○○八年金融海嘯波及：房屋市場崩盤，股市暴跌，經濟萎縮（導致長期失業、喪失房屋贖回權與迫遷），公司在吸睛的金融醜聞中倒閉（雷曼兄弟垮臺與美國國際集團（ＡＩＧ）差點倒閉，特別引起公眾矚目）。而在這這場規模前所未有的災難中，冰島因為銀行體系崩潰導致舉國瀕臨破產，相較於該國的經濟規模，這是任何單一國家歷史上有過最大的金融崩潰。

美國金融危機調查委員會（Financial Crisis Inquiry Commission）報告[4]的結論認為全球金融海嘯的禍首是金融體系（並不令人意外），而且「金融界領袖與我國金融系統的公家監管單位」都難辭其咎。換言之，監管過於寬鬆，金融服務業又趁缺乏監管的機會最大化自己的短期利益，無視於這對股東或整體社會造成的長期後果。該委員會問道：「在一條既無速限也幾無標線的高速道路上，你還能期待什麼呢？」也就是說，市場資本主義促成了全球金融海嘯，而且我們至今仍在感受這場海嘯的餘波盪漾。

我前面的陳述全都有事實根據，那些事件、後果與發生順序都毫無爭議。然而你到現在可能在想，你對戰後時期原本的認知與我剛才所說大相徑庭，尤其是一直到一九七〇年代那段期間。

這確實沒錯。

在大西洋兩岸，公認的說法把戰後描述為一段逐漸衰退的時期，尤其是英國，不過成長落後日本的大多數西方國家也相去不遠。這種所謂的衰退在一九七〇年代達到谷底：那段時間的經濟績效奇糟無比，通貨膨脹與失業率失控高漲，成長停滯。

接著在一九八〇年代，一連串的市場改革重振了英美兩國的經濟，注入一種新的活力感。成長與繁榮總算開始回來了。無論如何，這是故事的正統版本。

只不過這完全不實。

## 經濟成長背後的事實真相

我們都反覆聽過一九八〇年代經濟復甦的故事，以致於要質疑或挖掘事實，簡直有違善良風俗。但如果我們真的加以深究，結果會使人大吃一驚。

圖十一摘要了我們在英美兩個不同時代看到的實際結果。

這張圖比較了兩個時代的幾個公認計量指數（家庭收入、國內生產毛額等等），資本主義黃金時代是淺灰色長條，市場資本主義是深灰色。如果你覺得這張圖表透露的訊息難以置信，那麼請參考本書原文版網站上的附錄二（https://99-percent.org/wp-content/uploads/2019/07/99-Appendix-II.pdf），就能看到背後的數據。

毫無疑問，英美兩國的整體經濟成長（以國內生產毛額為準），在黃金時期都比

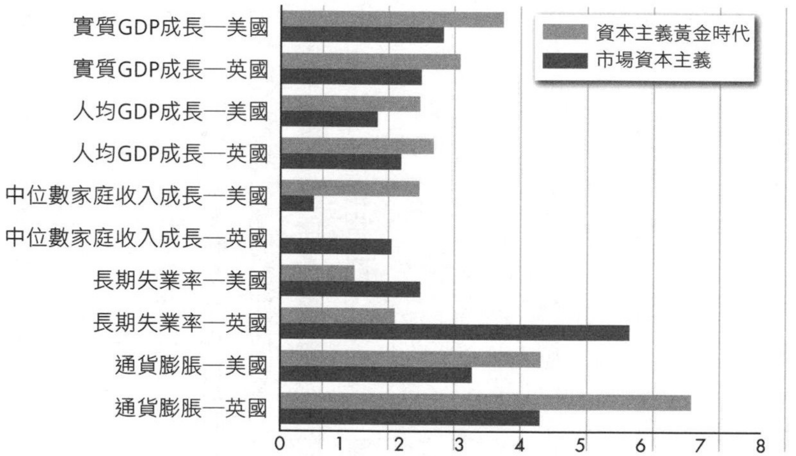


圖十一：英美經濟表現在資本主義黃金時代勝過市場資本主義時代（資料來源：附錄二[5]）

後續的市場資本主義時期更快。

更重要的是，因為這也會影響到個人的可得收入，所以兩國在黃金時期的人均國內生產毛額成長也快很多。

更與我們相關的是，如果我們檢視標準家庭的實質收入成長（這是人民真正切身的問題），在美國有驚人的差異：在黃金時代，標準家庭每年實質收入成長率是二．三％，不過在市場資本主義時代的年成長率是〇．六％。換句話說，就算經濟大餅仍以合理的速度持續成長，多數家庭獲得的分額幾乎沒有變大。

更糟的是，因為各家庭的工資勞動人數自一九八〇年以來已經成長，如果只看家庭總收入，表示我們漏掉了一個關鍵發展——家庭收入略微提升，但每戶個別勞工的實際收入已陷入停滯。自一九八〇年以來，美國個人的中位數薪資基本上持平不動——**依通膨調整後幾乎完全沒有成長**——對薪資低於中位數的部分人口來說則是持續負成長。也就是說，如果你的薪資落在中位數以下，你實際上可能是在賠錢工作。

美國長期失業率從黃金時代的一．二％成長到市場資本主義時代的二．三％，幾乎是兩倍。英國的景況更差，長期失業率從一．九％提高到五．八％。

許多人還記得佘契爾夫人在一九七九年的競選口號是「工黨不管用」。我們已然遺忘的是，她的承諾在當選首相後破滅，英國失業率不減反增了兩倍不止，來到超過十％的顛峰，是之前常態的五倍。

有個領域的績效倒是確實有所改善，那就是通膨控制：美國的平均通膨率從黃金時代的四・三%降到市場資本主義時代的三・二%；英國在黃金時代的平均通膨率是六・八%，在市場資本主義時代只有四・三%。

所以，無論從整體經濟成長或標準家庭的發達程度來衡量，前面共和黨眾議員鄧肯所謂的雷根經濟學帶來「二十年經濟成長與繁榮」，從美國商業部經濟分析局（Bureau of Economic Analysis）、美國人口普查局（Census Bureau）或美國勞動統計局（Bureau of Labor Statistics）彙編的數據都看不出來。

所謂的經濟自一九八〇年代以來恢復成長與繁榮，這是迷思而非事實。

從數據可見，從一九四五年到大約一九八〇年期間確實是個資本主義黃金時代，但後續三十五年不論用各種方式衡量，績效都乏善可陳。

即使是飽受批評的一九七〇年代，都比二〇〇七—一七年這十年間來得好。在一九七〇年代，英國實質國內生產毛額的平均成長率略高於二%，而在過去十年間，這個成長率僅僅略過一%。論及經濟績效，令人驚訝的是，如果時光倒流回一九七〇年代會是一**大改善**。

從一九八〇年到二〇一五年，我們拿經濟做了一次為時三十五年的實驗，測試市場資本主義系統，結果證實失敗。只不過，我們沒有從實驗中學習並另尋他法，而是在冒險謊報結果，假裝市場資本主義時代為全體創造了成長與繁榮，並且繼續這場實驗。

事情還不止於此。從數據看不出來的是，有很多重要因素沒有被這些分析納入考量，但仍對真實世界造成嚇人的後果：不論美國或英國，公共服務的品質都幾近一落千丈，罪魁禍首是為因應經濟衰退而施行的樽節政策。警力必須掙扎應付緊急呼叫，醫院也在勉力提供急診服務，[6]就連對癌症病患都得提供快速型療法。[7]然而少有政治人物把市場主義時代的經濟停滯與我們開始體驗到的公共服務災難連上關係。

了解經濟數據不是太難；有鑑於它們是如此明確，政客會這麼輕易罔顧事實就很令人震驚了。而他們屢屢無視事實，讓人很容易相信市場資本主義成功反轉了一段長期經濟衰退。

然而真相恰恰相反。

## 餅做大了，分額卻縮小了

政治人物經常把經濟規模成長說得彷彿是重中之重：如果餅變大，每個人自然就會分到比較大塊。

這的確是資本主義黃金時代的情形，然而美國在市場資本主義時代並非如此，近幾年的英國也不是。

圖十二的圖表比較了一九八〇—二〇一五年這三十五年間的美國經濟規模（實質國內生產毛額）與中位數勞工薪資（為了使兩條線從同一軸心開始，它們都根據一九七九年的數值調整過，也就是一九七九年的數值被定為一百，任何由此開始的成長都顯示為

超過一百的增長）。

由上圖清楚可見，對經濟有益，對普羅大眾未必那麼有利。實證顯示，以一九八七—九七年與二〇〇九—一四年為例，多數人口確實可能在經濟成長的同時變得更窮——我們會在下一章看到更多。就算在經濟成長時，這件事也愈來愈清楚：經濟**如何**成長、**哪些人**享受得到這種成長，都是至關重要的問題。

選民一定要了解，究竟是誰真正得益於市場資本主義。而政治人物絕不能獲准拿「有益經濟」的政策為所欲為，然而同樣政策是否對經濟體裡的人民也有益，卻沒有被提出質疑。

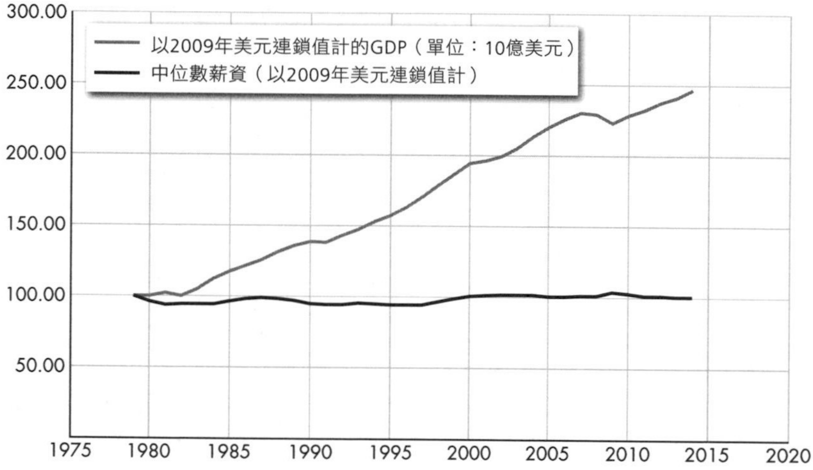


實質生產毛額 vs 實質薪資（1979年數值＝100）

圖十二：美國國內生產毛額與薪資成長的脫勾
（資料來源：美國商業部經濟分析局／聖路易聯邦準備銀行（St Louis Federal Reserve））

1 迪更斯，《雙城記》；倫敦，一八五九年。

2 大趨勢（Macrotrends）網站，二〇一八年。

3 英國廣播公司（BBC），二〇〇九年。

4 美國金融危機調查委員會，二〇一一年。

5 可惜我們沒有溯及一九四五年的英國中位數家庭收入數據。

6 丹尼斯・坎貝爾（Denis Cambell），〈急診救護車延遲出勤，幕後統計曝光〉（*Hidden toll of ambulance delays at A&E revealed*），《衛報》，二〇一八年四月二號。

7 丹尼斯・坎貝爾、莎拉・馬許（Sarah Marsh）、托比・罕姆（Toby Helm），〈健保署危機：癌症手術因缺乏床位取消〉（*NHS in crisis as cancer operations cancelled due to lack of beds*），《衛報》，二〇一七年一月十四號。

第三章

# 大規模貧困，就在你身邊

在有礙健全經濟的趨勢當中，最誘人、在我看來也危害最劇者，是把焦點放在分配問題上……尋找不同的方式來分配現行生產以改善窮人生活，這種作法的潛在效益，與提高生產顯然無窮的潛力相較，根本微不足道。

——羅伯特・盧卡斯（Robert Lucas）

關於過去七十年來真正的經濟史，還有我們**被灌輸**的說法與真實經濟間有怎樣令人擔憂的差距，以及財富**實際上**如何在社會各階層之間分配，你現在的認知已經超越大部分的人了。

這並非偶然。前面那段諾貝爾經濟學獎得主盧卡斯的話，很值得我們深究。

盧卡斯是經濟學泰斗，而套用經濟學家里昂內爾・羅賓斯（Lionel Robbins）的說法，這門學問常自稱是**分配稀缺資源的科學**。然而，盧卡斯與他的許多擁護者相信，經濟研究與政府經濟政策應該完全聚焦於如何把餅做大。任何關於餅該如何分配的討論，也就是資源的實際配置方式，都是百害而無一益。

你可能會覺得這種心態應該出自教育程度不高的門外漢，而非「二十世紀末二十五年最有影響力的總體經濟學家」。

在一個只要經濟成長、窮人自動會富裕起來的世界，他的立場可能站得住腳。只不過，如同你在前一章所見，過去三十五年已經證明我們身處的世界並非如此。大規模貧困在真實世界的急迫性、廣泛程度與持續時間，都讓盧卡斯堅稱我們不該擔心成果如何分配給社會各界的說法聽來幾近惡毒。

不論是為了自己或後代，我們都該為未來找個更好的出路。

## 分配不均的現象加劇

本章會稍微更深入研究大規模貧困的成因與效應。大規模貧困證實了中位數收入（別忘了，這是位於收入分布中間點的標準家庭收入）不再與過去三十五年的經濟成長直接連動。換言之，或許你曾以為自己的薪水會隨經濟成長變多，不過對大部分民眾來說已不復如此。

經濟績效與標準家庭中位數收入的脫勾，背後最重大的單一因素其實相當簡單，就是**不平等正快速加劇**。

一個社會凡是出現整體經濟成長、貧困人口卻變多的情形，那麼分配無疑就是最重要的因素。原因何在？因為對正苦於這問題的英美兩國人口來說，分配不均的實際影響是很多人需要政府支援才能生活。即使他們有全職工作，也因為他們現在的「市場價格」過低而無法獨力生存。

不平等在許多國家都引發擔憂，不過英美在這方面有個特殊問題，所以讓我們暫時把重點放在這兩國上。

## 中位數薪資大幅縮水

美國經濟自一九八〇年以來的實質成長將近一五〇％，中位數薪資卻靜止不動，呈現平躺走勢。

這代表什麼意思？顯然（而且頗令人意外地），經濟成長與中位數薪資完全脫勾。不過我們先來稍微更仔細地檢視這種變遷。美國社會安全局（Social Security Administration）旗下的總精算師辦公室（Office of the Chief Actuary）彙編有各階層薪資的詳細資料，可惜沒能溯及一九八〇年。

他們的數據顯示，雖然最富裕的人變得更有錢，底層二十％民眾也沒有往下掉，**今日美國大多數人口的實質收入都比二〇〇〇年縮水大約二十％**。

然而在同一時期，實質人均國內生產毛額卻上升了十七％——換句話說，大多數民眾分配到的經濟成長紅利**低於〇％**。他們或許合理地預期收入也會上漲十七％，實則發現是縮水了二十%左右。這是在僅僅十五年間就出現三十七%的落差。

所有國家的各黨派政治人物都對國內生產毛額的成長情有獨鍾，媒體大抵也有志一同：某黨若能推動國內生產毛額成長就是績效好，而且是有益於所有人——這被視為理所當然。

實情是，實質國內生產毛額出現驚人成長的同時，社會多數工薪族卻沒有分到任何一杯羹（其實是蒙受損失），這是完全有可能的事，獲得的媒體關注卻驚人地微不足道。

## 經濟成長，薪資卻沒漲？

如果一國的國內生產毛額成長不再自動與一般薪資成長連動，那麼我們很有理由提出這個問題：**多出來的錢究竟哪裡去了？**

一九八〇年到二〇一五年的經濟成長率是一四七%，轉換成中位數薪資卻只見一%的成長，這樣的鴻溝確實很需要解釋。

圖十三裡的淺灰色長條就說明了這個差距。在美國，大規模貧困有兩大成因：收入不平等加劇，以及生產力成長放緩。

首先，雖然國內生產毛額上揚了一四七%，這看似可觀的成長並未公平分享，大多成為公司收益，少數才流入薪資。一九八〇年，國內生產毛額有將近四十九%是以薪資報酬的形式付給員工，到了二〇一五年只有四十三%。[1]這對以投資為生的人來說是好事，對受薪階級就不妙了。

此外，薪資本身也變得遠更為不公平，公司執行長的薪水直線上升，員工薪水卻減少了。在一九六〇年代，執行長的平均薪資是一般員工的三十倍，現在這個比例是超過三百倍。

生產力成長也趨緩了。可以明顯看到，經濟成長是因為工作人口成長（比一九八〇年高出四十二%[2]），而不是生產力提高。這表示現在要分享總薪資的人數也多了四十二%。

本書原文版網站（99-percent.org）上的附錄三（https://99-percent.org/wp-content/uploads/2019/07/99-

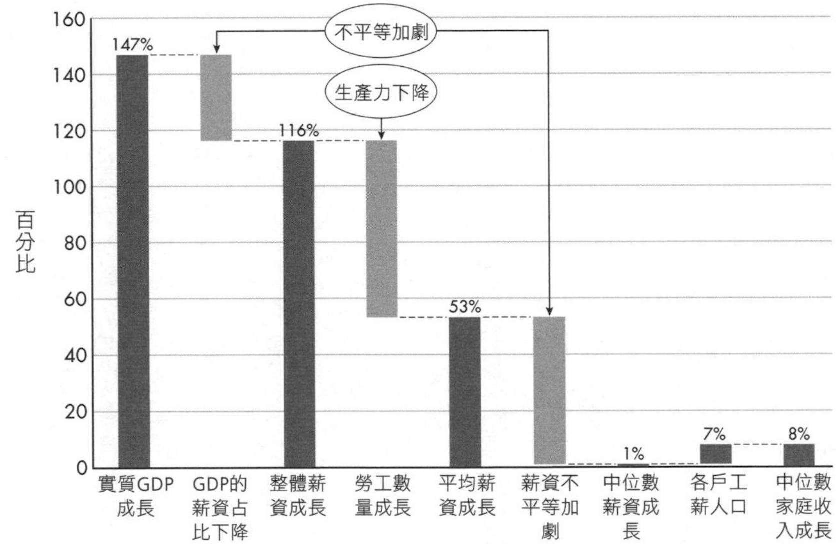


圖十三：美國薪資與收入沒有成長的原因何在？（資料來源：見本書網站附錄三數據）

Appendix-III.pdf）含有對英美兩國數據的完整分析，就算你本來不是個數據宅，我也建議你去看看，自己眼見為憑。

所以說，從數字看得很清楚——我們**應該**全都變得更富有，但事實上，英國自二〇〇七年起（美國自二〇〇〇年起）的許多人都變窮了，你可能也是。就算你沒有，你可能也有親友變窮了。

造成這種趨貧現象的最大單一因素就是收入不平等加劇，而這既是因為流入受薪階級的國內生產毛額減少，也因為薪資分配本身變得更不公平。

而這就是經濟學家看待這些議題的通常方式：看數字。對經濟學家來說，「需求」的具體定義就只是我們購買商品或服務的那個現金值，不同種類的需求之間沒有質性差異。

不過看這件事還有另一種方式——一種沒那麼縝密，但或許稍微更具洞察力的方式。

我們可以簡單想像一道由不同需求排列而成的光譜，排在最左端的需求可以視為「生存之必需」，最右端的需求或許只是「人顯然不需要但想要的東西」。

光譜最左端的水、食物、棲身處（以及必要時的醫療）都是絕對必需品：缺乏的人很快就會死亡。對「需求」做任何有實質意義的定義，都一定得涵蓋這些非常基本的東西。

往光譜另一端移動，需求變得相對而非絕對。人要在短期內保命生存不需要這些東西，但沒有它們也不可能過正常生活。例如，沒有永久住址、一定程度的教育、電話號碼，以及這年頭必備的網路連線，就很難找到工作。把這類型需求也視為基本需要實屬合理。

位於光譜中段的那些商品與服務需求，就算付之闕如也可能擁有正常生活，但有了它們會舒適很多。每年能出國度假、有車、有像樣的房屋，都屬於這個類別。

接下來就是難說有必要的需求層級，例如擁有多筆房產、名車，讓孩子受私校教育。

最後，在光譜最右端是對頂級奢侈品與服務的需求——瑞士名錶（要價能超過五十萬美元）、位於漢普頓的豪宅（三千萬到四千萬美元），或七十公尺長的遊艇（超奢華遊艇價格的大致算法是船身每公尺值大約一百萬美元）。

我們沒有那個生產力為地球上每個人都提供最頂級奢華的商品與服務；不是每個人都能擁有一艘七十公尺長的遊艇或一座私人島嶼。就這方面而言，稀缺確實不假，但這是必然的。然而，我們應該可以向世界上每個人提供光譜另一端的水、食物、棲身處與必要的醫療，雖然這要重新分配資源才辦得到。

根據聯合國，全球農耕區土地有相當於二十八％的比例用於生產被丟棄或浪費的食物，[3]同一時間，世界上卻有十一％的人口營養不良。[4]也就是說，即使沒有增產，只要我們減少浪費食物就能餵飽全世界的人。

榮獲諾貝爾獎的印度經濟學家阿馬蒂亞·沈恩（Amartya Sen）曾說：「飢餓凸顯

的是有些人無法取得足夠的食物，而不是世界上缺乏足夠的食物。」

就光譜左側的需求而言，稀缺並非不可避免——如果這些需求有所缺乏，正如同現況，這是社會所做選擇的結果，在富裕國家自然又格外真切。

這道需求光譜讓我們得以同時從質性與量化的角度檢視供給與需求。我們可以打個視覺比方：這有如一個透過望遠鏡看到的標靶。在圖十四中，靶心代表必要需求，外圈的每一環則漸次代表非必要、想要但沒必要的各層次需求與慾望。望遠鏡的視野代表滿足這些需求的實際供給情形。

在圖十四中，大多數人（但不是所有人）的必要需求都獲得滿足（靶心大部分面積落入視野，但不是全部），過半數的人也滿足了正常生活需求，雖然不是大幅過半；只有少數人過著安逸的生活、很多希望和欲求都得到滿足；還有更少數人享有極度奢華的生活。

在這個質性取向的觀點裡，不平等是指供給偏離靶心的程度。

在傳統經濟學裡，落在視野外的標靶部位不算需求，就做生意而言也的確如此，沒有財力支持的需求只是空談。根據這個觀點，又只以此為準的話，窮人沒有需求可言。反之，富人就有很多需求了。

在完全平等的情況下，望遠鏡的視野應該正對靶心，也就是所有的必要、正常生活與安適生活需求都能滿足，而且所有人都能滿足部分的希望和欲求——但就不會有極度奢華的生活了。當然了，還是有居間的視野區位，亦即有點不平等，但每個人的基本需求都得到滿足。

如同圖十四所示，二〇一五年的問題不是人均供給（在美國每人能生產的價值）在過去三十五年來沒有成長。二〇一五年的實質人均國內生產毛額比一九八〇年高出近八十％，[5]所以望遠鏡看到的視野開闊多了。問題在於，供給在標靶上的位置更偏離靶心了：社會投入多很多的資源生產極度奢侈與奢侈商品和服務（這個市場自一九九五年以來成長了二二六％），然而我們在第一章看到，許多公民的基本需求卻持續未獲得滿足。

市場資本主義系統生產的有價商品與服務並非不足，而是它生產錯誤的商品與服務。

## 經濟失靈導致大規模貧困

相較於美國，大規模貧困在英國是比較晚近出現的現象。[6]但我們正在趕上美國。即使是保守黨的時任首相德雷莎・梅伊（Theresa May）也承認，經濟對很多人來說已經失靈了，[7]如同她在成為首相後所說：

> 不過，我們也需要一個能達成重要社會改革的政府——讓每個人都確實獲得國家照顧。因為在今時今日，如果你出身貧困，將比其他人平均短少九年的壽命。如果你是

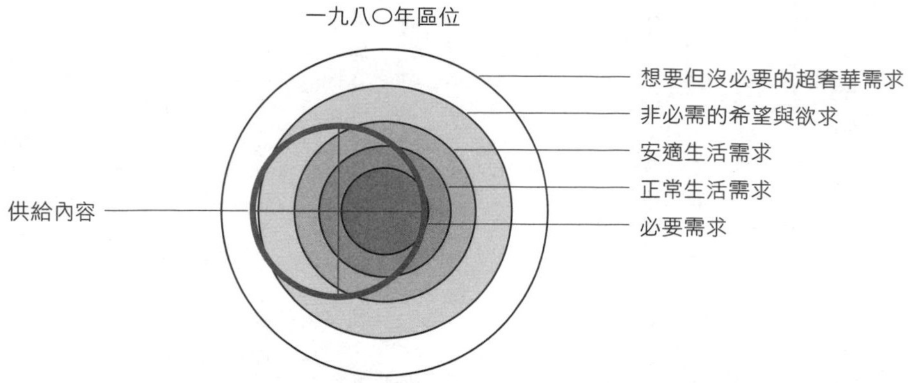


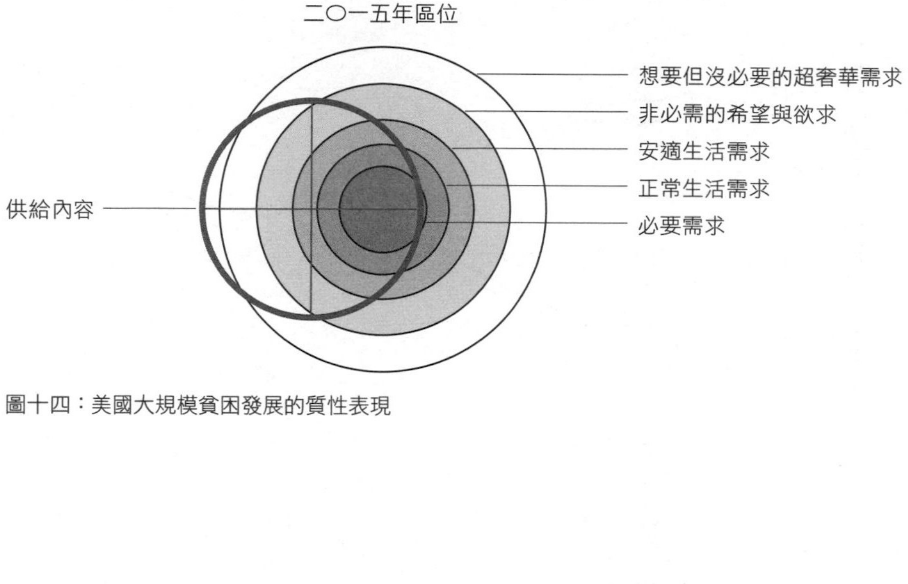


圖十四：美國大規模貧困發展的質性表現

黑人，會比白人受到刑事體系更嚴苛的對待。如果你是白人勞工家庭的男孩，你比任何人都更不可能上大學。如果你上的是公立學校，會比受私立教育的人更不可能從事高階職業。如果你是女人，你賺得錢還是比男人少。如果你為心理健康問題所苦，多數時間都無法獲得足夠協助。如果你還年輕，會發現想擁有自己的家比以往都更困難。

從二〇〇七年起，即使發生了全球金融海嘯，英國的實質人均國內生產毛額還是略見成長——英國整體社會比十年前稍微富裕了一點。事實上，整體觀之，英國社會從來沒這麼富裕

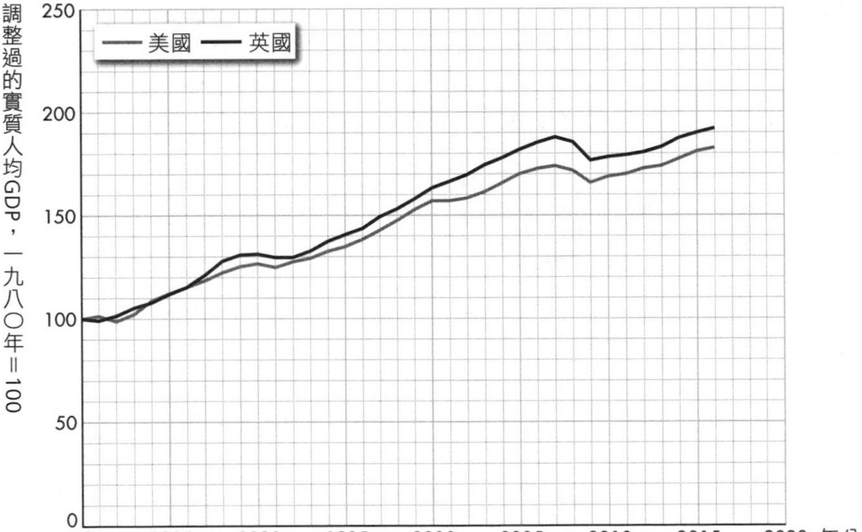

圖十五：經濟如何成長——英美兩國都處於史上最富裕狀態
（資料來源：世界銀行（World Bank））

過，美國也是一樣。兩國今日的人均國內生產毛額比一九八〇年高出八十%以上——也都超越了金融危機前的最高點。

但你要是因此假設餅比以前都大，所以英國全體社會成員也都比較富裕，恐怕就錯了。在今天，標準工薪族實際賺取的薪水比他們在二〇〇七年賺得更少；中位數家庭收入之所以會提高，純粹是因為現在每戶工薪人口平均增加了五%。

在英國，這是因為勞動力的增加與國內生產毛額的增加大致相當（如同美國，英國生產力成長已經停滯），而國內生產毛額流入薪資的比例下滑（流入公司利潤的比例提高），所以平均薪資也下跌了。

造成英國大規模貧困的兩個關鍵因素，再次是不平等加劇與生產力停滯，但這裡不平等加劇的主因是國內生產毛額成為薪資的比例減少，而不是薪資本身分配不公平。

## 若無補助可能影響勞工生計

### ◎美國的景況

從二〇〇四年起，麻省理工學院（Massachusetts Institute of Technology）的艾美・葛拉斯梅（Amy K. Glasmeier）教授就開始收集美國各地區的生活費數據。她的團隊計算出各類家庭要滿足基本生活水準所需的總薪資。

這數據讀來令人心情沉重，而無可否認的事實是：許多勞工族群若沒有政府一定程度的補助就無法生存。

下表的每一格都以色彩標記。淺灰色是一名標準成人或一對伴侶如果從事左列的職業，可以輕鬆養活表格上端列出的家庭種類。反之，深灰色表示一名成人或一對伴侶若無某種形式的外援，將無法支撐那種家庭。中等程度灰色表示他們的收入僅僅略高於養家最低門檻。

在一個健全的社會裡，大部分的格子應該都是淺灰色，或至少是中等灰。至於現實就如你所見，這個表格近半是深灰色。

對單身成年工薪族來說，數據顯示他們有七十九％能在沒有外援的情況下生存，然而其餘的二十一％代表大約兩千八百萬人。

但如果同樣一群工薪族想要有小孩呢？

等有了小孩，那群人可以獨力生存的比例就掉到五十一％，這只占工薪成人族群的略高於一半。他們無法在沒有政府補助的情況下生養一名子女。

政治人物可能會說：「去結婚，然後你們會有雙份薪水，就生得起小孩了！」沒錯，這的確是一種顯而易見的解決之道。只可惜即使如此，還是有四十九％這麼大比例的美國人口無法在政府不補助的情況下生養一名子女。如果雙親只有一人工作，所以家裡只有一分收入但沒有幼托支出，那麼五十六％人口可以獨力生存。如果雙親都工作，

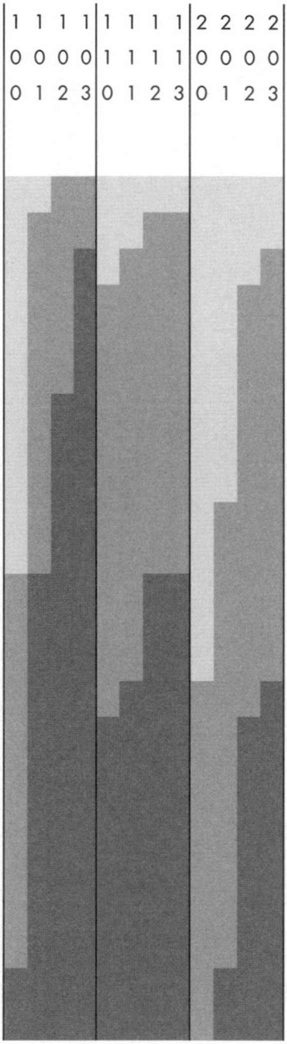


| 職業領域 | 標準薪資（美元） | 估計百分位數 |
|---|---|---|
| 管理 | 119,780 | 81% |
| 法律 | 99,760 | 74% |
| 電腦&數學 | 82,350 | 66% |
| 建築設計&工程 | 74,920 | 64% |
| 商業&金融 | 74,410 | 64% |
| 醫師&醫技 | 71,250 | 61% |
| 生命、自然&社會科學 | 60,670 | 54% |
| 藝術、設計、娛樂運動&媒體 | 59,710 | 54% |
| 教育、培訓&圖書館 | 54,640 | 49% |
| 建設&開採 | 53,280 | 49% |
| 社區服務&社工 | 46,020 | 44% |
| 安裝維修 | 45,930 | 44% |
| 保護服務 | 45,040 | 44% |
| 辦公行政支援 | 36,170 | 34% |
| 交通運輸&貨運 | 33,480 | 31% |
| 製造 | 32,220 | 31% |
| 建築、地面清理&維護 | 29,210 | 29% |
| 銷售與相關業務 | 28,360 | 26% |
| 農漁林 | 27,650 | 26% |
| 醫療輔助 | 26,750 | 26% |
| 個人照護與相關服務 | 23,500 | 21% |
| 餐飲服務 | 19,730 | 18% |

圖十六：美國不同家庭所需薪資（資料來源：葛拉斯梅）

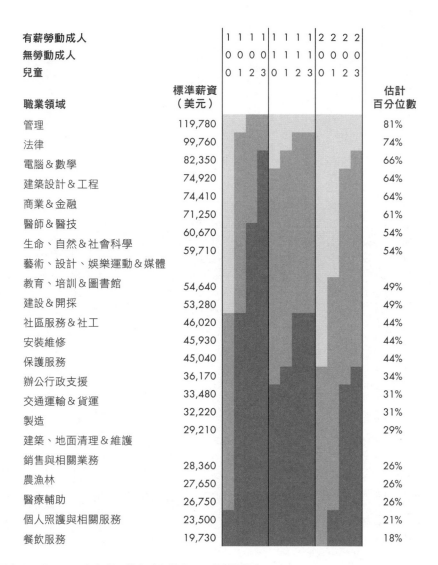

七十四%的人口可以養得起一名子女。如果你無法結伴生活或不想結伴，這個選項就行不通了。

當然了，要維持穩定的人口數量，每個家庭平均要有兩名子女。如果一對伴侶育有兩名子女，只有一人工作的家庭有五十一%可以獨力生存，雙親都工作的有六十六%可以獨力生存，而這兩種情況都離百分之百差得遠了。我們在說的可是無力為家庭提供基本糧食與生活設施的數百萬民眾。

換句話說，在現行的收入分配下，美國人口若沒有政府補助將無法維持。當然了，這跟說美國養不起可以維持的人口是兩回事。美國一定養得起，但除非國家著手解決收入分配的問題，否則政府補助對很大部分人口來說就不可或缺。

## ◎英國的景況

在英國，社會政策研究中心（Centre for Research in Social Policy）一直在做相同研究，也得到非常類似的結果。如果政府沒有至少給點補助，許多勞工都無法生存。

我們再次看到下表幾乎有一半格子是深灰色，但大部分應該都是淺灰色才對。

除了底層二十%人口，英國所有單身成人都能獨力生存，但只要一生小孩，就只有大約三十%的單身成人可以獨力生存。伴侶生活也再次證明有助益，條件是雙親都工作：在這種情況下，六十%的人養得起一名子女，而大約五十%的人可以養育兩名子女。所以在英國也一樣，政府不出手相助就沒有可持續的人口——除非收入分配出現什麼變化。

對許多人來說，就算有政府補助也愈來愈難以收支平衡，甚至根本不可能打平。英國護士丹妮爾・提普雷帝（Danielle Tiplady）曾投書《獨立報》（*Independent*），解釋在過去六年間，護士的實質薪水減少了十四%所造成的實際後果：

> 我的銀行戶頭到了上月底只剩一・一〇英鎊，許多護士的狀況更糟。我有個朋友必須在買食物與付房貸之間作選擇。她在吃了一年烤豆配土司後投降了，她賣掉她的公寓、搬回父母家裡住。當（英國衛生大臣）上週被（BBC主持人）安德魯・

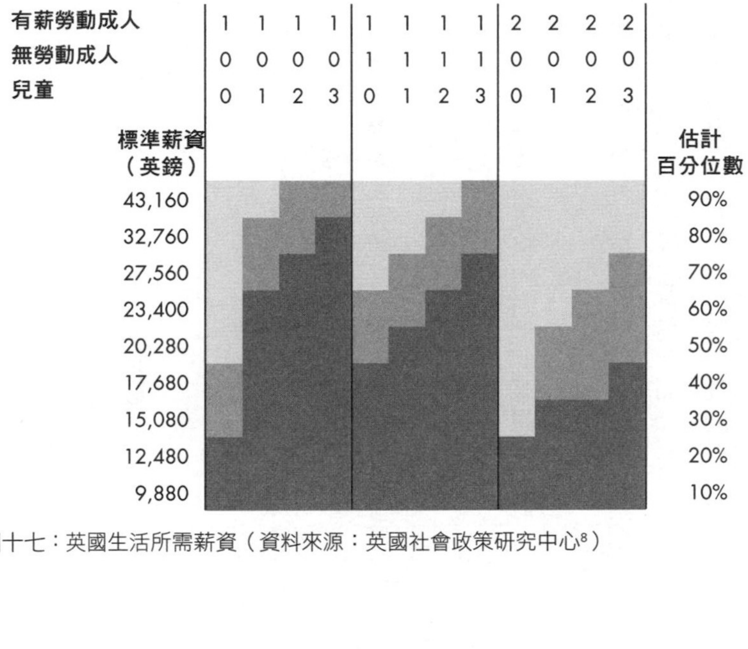


圖十七：英國生活所需薪資（資料來源：英國社會政策研究中心[8]）

馬爾（Andrew Marr）問及護士得求助於食物銀行的現況，衛生大臣表示原因「很複雜」。但原因一點也不複雜，就是我們的薪水太低了。

美國的不平等加劇，並且需要政府為此採取行動，而華倫·巴菲特（Warren Buffett）接受《彭博社》採訪時針對此事做了以下評論：[9]

我在一九三〇年出生，比起當年，現在美國的實質人均生產毛額是六倍——六倍耶。如果你跟我的父母說，在這種情況下有好幾百萬人活在貧困當中，他們會說這不可能……真正的問題不在那些適應良好的人……而是那些謀生技能就是對市場價格沒啥話語權的人。

在英美兩國，問題都是今日大約半數勞動人口的「市場價格」對他們來說都過低，以致於要有政府補助才能生存。

一名護士究竟該有怎樣的「價格」？抑或一名消防員、一位警察？這個問題有兩種檢視角度。如果我們相信人的存在是為了滿足需求市場，那麼現在有很大部分人口（而且這比例在上升）維生所需的成本比他們自身的價值更高——如此這般，我們很快要開始用一種令人不安且反烏托邦的方式來分類人了。

換另一個角度，如果我們把市場看成是為服務社會而存在，我們就必須去了解為何現今體系中有很多人的需求未獲滿足。這是我們現行的這種資本主義要面對的一個重大挑戰。

## 世界各國皆有分配不均的問題

下面的圖十八是以吉尼係數來衡量幾個已開發國家的收入分配情形。你或許還記得，這是經濟學家用來評估不平等的數字：完全平等（人人得到一模一樣分額）的吉尼係數是零，完全不平等（一個人獨得所有，其他人毫無所獲）的吉尼係數是一。

世界各國都有收入分配不公的問題，不是英美兩國獨有，但英美在這方面有個特別的問題。

你可能跟巴菲特一樣，覺得這難以

| 國家 | 吉尼係數（收入） |
| --- | --- |
| 美國 | 0.39 |
| 英國 | 0.351 |
| 希臘 | 0.34 |
| 西班牙 | 0.335 |
| 義大利 | 0.327 |
| 法國 | 0.306 |
| 德國 | 0.289 |
| 瑞士 | 0.285 |
| 瑞典 | 0.274 |
| 芬蘭 | 0.26 |
| 挪威 | 0.253 |
| 丹麥 | 0.249 |

圖十八：各國可支配收入的不平等程度（資料來源：經合組織）

置信：在二十一世紀的我們竟能活在這種極度失衡的社會裡。如果大西洋兩岸的整體經濟愈來愈富裕，為什麼我們還讓這麼多人變得更窮？

這是我們該捫心自問的問題。

---

1 聖路易聯邦準備銀行，二〇一六年。

2 美國勞動統計局，二〇一五年。

3 聯合國糧食及農業組織（Food and AgricultureOrganization of the United Nations），二〇一七年。

4 世界飢餓教育服務基金會（World Hunger），二〇一六年。

5 聖路易聯邦準備銀行，二〇一八年。

6 完整分析請見本書原文版網站附錄三（https://99-percent.org/wp-content/uploads/2019/07/99-Appendix-III.pdf）。

7 梅伊，「我們能讓英國成為為每一個人服務的國家」演講，二〇一六年。

8 英國社會政策研究中心，二〇一五年。

9 巴菲特，二〇一五年。

# 第四章

# 鼓吹自由市場的迷思

席塞爾・葛蘭姆：什麼樣的人叫做憤世嫉俗？
達靈頓爵士：他知道一切事物的價格，卻對價值一無所知。

——王爾德（Oscar Wilde）1

我在第一章提出一個問題：「現今的經濟政策在帶我們走向何方？」由數據可見，我們正走向大規模貧困會直接蹂躪數千萬人生活的世界，連鎖效應的衝擊又將更廣。

對大多數人來說，這絕不是可以接受的未來。但在某些人看來（很遺憾，這些人都有權有勢），自然正義發揮作用後差不多就這結果，如此而已，而許多政府當局相繼默許了這種看法。有鑑於我們與孩子的生活都受這些人左右，我們應該加以關切。

# 市場基本教義派主張市場決定價值

牛津字典對「道德」（morality）的定義如下：

> 道德（名詞）
> 1. 分別是非或行為好壞的準則。例：「這事說到底純粹是關乎道德：無罪的囚犯應該獲釋。」
> 1.1 一套特定的價值觀與行為準則。例：「資產階級道德觀」。
> 1.2 行為的對錯限度。例：「擁有核子武器的道德議題」。

對大多數人來說，這個定義很說得通。道德關乎是非對錯，與價值觀和原則息息相關。一個有道德感的人會基於價值觀與原則做是非判斷，雖然有時要下定論很難。

不過，不是所有人都持如此看法。

在前面引用的王爾德劇作對話裡，葛蘭姆接下來回應達靈頓爵士的是：「我的好達靈頓，那麼一個多愁善感的人，就是認為所有事物都有種荒謬的價值，卻不知道任何東西的市價幾何。」認為市場價格之外的所有其他價值都很荒謬的，不只葛蘭姆一人，許多鼓吹自由市場的人也這麼想。

這一路思維的簡單明瞭很有吸引力：如果買方跟賣方就價格達成雙方都甘願的協

議，其他人有什麼權力說那不代表公平的價值？[2]為什麼要把是非好壞的主觀看法帶進這個問題？為什麼要用價值觀和原則把事情弄得更複雜？何不乾脆說市場價格就是合乎道德的價格？

一旦接受這種觀點（通常是奉若信條），就能放心將大部分的道德標準交由市場自行決定。套用喬治・索羅斯（George Soros）的話來說：[3]「這種想法在十九世紀叫做放任主義……我為它找到了一個更好的稱呼：市場基本教義派。」

沃爾瑪公司（Walmart）執行長馬克・洛爾（Mark Lore）每年身價是否真的值兩億三千六百萬美元？讓市場決定。應該要有更多的廉價住宅嗎？讓市場決定。護士該拿多少薪水？讓市場決定！

這種思維造成的結果讓大多數人都覺得怪異。在美國，一名腫瘤科護士的年薪落在七萬四千到十一萬八千美元之間。不過菲利普莫里斯（Philip Morris）菸草公司每位主要執行長的年薪超過五百萬美元。如果我們接受市場價格真實反映道德價值的想法，就必須下這個結論：每位菸草公司執行長藉由製造、行銷與生產（致癌）香菸為社會帶來的益處，大於五十位腫瘤科護士對癌症患者的照料。

大多數人會拒絕這種解釋，並且說，雖然那些護士做的事相形之下顯然更有益社會，但他們的技能並不稀缺，議價能力較低，所以薪水比較少。

市場基本教義派認為這種反駁是無稽的感情用事。如果護士真值得更多，薪水就會更高；如果執行長確實沒那麼值錢，薪水就會比較少。當這些人說「市場是分配資源的最佳之道」，他們所謂的「最佳」不只是最簡單，而是最合乎道德。

## 市場基本教義派將徵稅視為偷竊

一個市場基本教義派把市場交易定義為買賣雙方都心甘情願，因此交易在這個定義之下沒有強制性。徵稅就不同了，通常沒有人甘願繳稅：民眾只是出於法定義務才這麼做（即使有法規也未必會繳）。

對市場基本教義派來說，這就是不對：不論稅收能成就多少好處、拯救多少性命，又或者納稅人不繳稅可能怎樣浪擲這筆錢，事實是這筆錢就是被強制取走。這等於偷竊。

他們也認為國家拿走太多了。如同美國投資專家詹姆士・戴爾・戴維森（James Dale Davidson）與前《泰晤士報》（*The Times*）編輯威廉・里斯—莫格（William Rees-Mogg）在兩人合著的《主權個體》（*The Sovereign Individual*）一書中所述：

……美國收入前一%的納稅人繳納了全國所得稅的三十・二%（一九九五年），所以政府對他們的教育或經濟成就可能有過的任何實質投資，富人沒有加以回報嗎？當然有。事實是正好相反，相較於他們曾獲得的任何好處所蘊含的價值，那些繳了多數稅金的人付出得多太多了。[4]

市場基本教義派相信，政府應該如公司行號般視納稅人為顧客，透過非強迫的交易，只針對他們獲得的服務收費。如同戴維森和里斯—莫格所言：

然而，當你想到顧客才是那個作主的人，那麼他們得不到自己想要的東西就太不像話了。如果你去店裡買家具，結果店員在拿走你的錢以後無視你的要求，反而去請教別人該如何花你的錢，你理所應當會生氣。要是店員主張你根本不配擁有那件家具、它應該改運到某個他們覺得更值得的人手中，你應該不會覺得這很正常或有道理……累進所得稅制，也就是每個民主福利國家在二十世紀期間興起的作法，跟給顧客可能會青睞的生活物資標上價格是完全兩回事。

他們相信，答案是政府要開始像企業一樣行事。當然，這表示稅收將大幅減少，公共開支也隨之嚴重縮水。

## 市場基本教義派把一般人視為累贅

我們在第三章看到，依現行收入分配水準，英美兩國都有約半數勞動人口不能獨力生存。大多數人將此視為系統運作失靈的徵兆，也認為文明社會在本質上就是會伸出援手。

然而，在市場基本教義派眼中，這些人根本配不上讓他們存活所需的成本。他們的存在不符成本效益，社會被迫支持他們存活是不合理的負擔。市場基本教義派說，市場的力量在於唯才是用，問題是這些人太沒用了。

美國蒙特克來爾州立大學（Montclair State University）經濟學教授艾拉・宋恩（Ira Sohn）曾指出，隨著科技進步，這些人（得工作謀生的人）有許多都已完全不被需要：

> 在多種勞力密集產業採用節省人力的科技，前景逐年看好：超市的自助結帳台，旅館的自助入住與退房，餐廳的自助點菜與結帳，自行健康篩檢……等等，這種種作法使得每美元國內生產毛額所需的勞工減少，而在整體勞工減少的同時，國內生產毛額卻提高了。在十八與十九世紀的美國與歐洲，馬匹廣泛用於農耕與運輸，但一等到機械化與電氣化就位，鐵路、汽車與公車也成為商業可行的交通選項，擁有馬匹就成了有錢人的嗜好，馬的數量也遽跌。二十一世紀的人類或許也同理可證：我們就是不需要那麼多人——而且在富裕國家，人類的「生產」（產前與產後照護），「組裝」（養育與教育）和「維護」（從青春期到死亡）都很昂貴。有鑑於科技不斷變得更有效能，但大多數人類坦白說卻沒有，所以我們也愈來愈不需要勞工來生產社會所需商品與服務了。

宋恩相信，今日大多數的人就如同十九世紀末的馬，社會很快就不再需要他們了。

我們在第五章會看到，他說的很可能沒錯。這值得我們仔細想想。

對市場基本教義派來說，這裡出現了一個選擇：比較冷酷實際的人認為冗餘人口該憑實力定生死；比較有同情心的人認為最值得幫助的人應該獲得慈善團體或富人（自願的）援助——不過，當然不是幫助他們回到以前過慣的生活水準。

而且他們得看起來值得幫助才行。

美國總統候選人米特・羅姆尼（Mitt Romney）曾在募款時解釋他的看法，表示四十七%的美國人沒有負起個人責任，對社會也毫無貢獻——所以他的工作不是為這些人操心：[5]

> 有四十七%人無論如何都可以投票選總統……這些人完全沒繳所得稅。四十七%的美國人沒繳所得稅……所以我的工作不是為這些人操心——我絕不會去說服他們應該負起個人責任、顧好自己的人生。

近半數人口所仰賴的政府補助，該以什麼取代？戴維森和里斯—莫格解釋了他們的想法：[6,7]

> 強制性所得重分配制度的崩潰，肯定會惹怒那些預期在轉移計畫中獲得幾兆元的人。這些人主要是「人生輸家或底層階級」，缺乏在全球市場競爭的技能。

如果這些輸家獲得援助的希望主要是基於對民間人士和慈善團體的呼籲，那麼對主動救濟的人來說，這些獲助者必須在道德上看起來值得援助，而且現在這一點比二十世紀還更重要。

他們說的事情要能發生，唯一障礙是必須修法，而英國跟美國都是民主政體，至少目前還是。

## 市場基本教義派視民主為暴政

彼得・提爾（Peter Thiel）這位百萬富翁是PayPal共同創辦人，他曾在二〇〇九年聲明：「我不再相信自由與民主可以兼容並蓄。」。他解釋理由是：

一個人的智商愈高，（大學畢業後）就會對自由市場政治感到愈悲觀——資本主義就是沒那麼受大眾歡迎……對我們生在二〇〇九年的自由派來說，當我們理解到更普及的國民教育已是徒勞，我們的教育就畫下句點了。更令人悲觀的是，這股趨勢確實已經走岔很長一段時間……從一九二〇年起，社福受益人大量增加，女性參政權擴大——這兩種選民對自由派來說都是有名的鐵板——使得「資本主義民主」的概念淪為矛盾。

戴維森和里斯—莫格也有同感：

> 大眾民主導致政府的控制權落入「員工」手中。但等等，你可能會說，在絕大多數的政府轄區內，選民的數量都遠勝政府雇員。在這種情況下，政府員工怎麼可能占上風？福利國家的出現完全就是在回應這個兩難困境。既然政府沒有足夠員工來創造一個有效的多數族群，在別無他法之下，愈來愈多選民就真地被放到社福名單上，以接受各種轉移性支出。接受轉移性支出與補助的人，實際上成為政府的在學員工，可以省去每天上班報到的麻煩。[8]

解決之道當然就是擺脫大眾民主制。戴維森和里斯—莫格又著手說明如何成為「主權個人」：一個對政府下令，而不是被命令的人。（他們提供的解方主要是透過積極避稅、在多個避稅港之間周旋以談妥合意的條件）。一旦有夠多的富人成為主權個人，強制性的重分配必將劃下句點。政府到那時將別無選擇，只能廢除福利體制。

喬治梅森大學（George Mason University）的經濟學教授泰勒・科文（Tyler Cowen）闡述他對自由市場「超級菁英制」的願景：窮人將被迫搬進廉價住宅，所受補助也大幅縮水，不過電玩跟數位媒體會平復他們的心情：

> 美國政體不太可能會崩潰，但我們以後回頭檢視，都會覺得接下來這段戰後時期是

非常獨特的時代。我們未來會產生的富人將空前地多，但也會有更多窮人，其中有人未必能享有基本公共服務……我們會放手讓許多勞工的實質薪水減少，因此我們也將放任新的下層階級生成。我們不會想出什麼阻止此事的方法。然而那也將是一段出奇安逸的時代，美國社會全面老化，而廉價的娛樂資源大增。我們甚至可能迎來一個廉價或免費娛樂無比豐富的時代，感覺會有點像卡爾・馬克思（Karl Marx）的共產主義烏托邦，只不過功臣是資本主義。這是黑暗盡頭的真實光亮。

我們當然還沒達到那個境地，我是指科文說的烏托邦。然而，我們已經在打造一個對家境較普通者不利的環境。例如在英國，受薪階級的福利自二〇一五年起已經「凍結」[9]，也就是他們實質上的待遇在變差，而且會持續如此。此外政府也計畫施行所謂的福利制度改革「統一福利」（Universal Credit），即使證據顯示這種制度不只對最脆弱的民眾造成極大磨難，也已經迫使許多人轉向食物銀行求生存。

保守黨國會議員雅各・里斯—莫格（Jacob Rees Mogg）評道，這種食物銀行興起的現象相當振奮人心：

（政府）提供基本的福利，但這有時無法見效。有人民自發地提供慈善援助來支持同胞，我認為這相當振奮人心，由此也可見我們是多麼善良、有同情心的國家。

視遊民為罪犯的趨勢也愈演愈烈：

> 即使內政部在年初發佈了新版守則，指導各區市政府不要針對遊民與露宿族，但《衛報》調查發現，超過五十個地方當局備有公共空間保護規範（public space protection orders）。遊民被禁止進入市中心鬧區，經常被處以數百鎊罰鍰，要是重複被逮到行乞要坐牢……英格蘭與威爾斯地方當局已開出數百張定額罰款單，就「乞討」、「持續且積極乞討」和「遊蕩」尋求定罪，因為在二〇一四年，時任內政大臣梅伊授與他們更多權力來打擊危害社會安寧的行為。

在美國，失業人口能獲得的補助已面臨嚴格限制，總統唐納・川普（Donald Trump）也宣告他有意讓各州將低收入戶健保（Medicaid）的適用資格綁定在職身分：

> 社福方案的給付，包括貧困家庭的暫時救助金與食物券，（已經）能跟在職身分結合。不過到目前為止，保守派希望將低收入健保給付限定就業人士的希望仍然落空。在現行法律之下，各州不被允許加上就業門檻……川普領導的白宮已經示意一段時間，希望改變方向……預算與政策中心（Center on Budget and Policy Priorities）的資深政策分析師漢娜・凱區（Hannah Katch）說那套指導規範是「劇烈變革」，對人民的健康沒有助益。她說大多數有低收入健保又能工作的人都已經在工作了——十個成年受益人裡

大概有八個都生活在有勞動的家庭裡。

我們已經習慣了市場價格等同於價值的說法。因此，我們已經開始接受比較不富有的人就是比較沒價值——而且不只是窮人，半數人口都包括在內。我們已經接受公共服務年復一年的預算限制，即使證據顯示其中最不可或缺的部門也在掙扎運作。我們已經習慣了優待最富裕階級的不斷減稅。這種種思想匯集起來，再加上我們為達成它們導出的結論而加以致力奉行，就導致了第一章描寫的那種世界。

## 支持這些思想的政經趨勢

我有些朋友讀到這裡評論道：「可是沒有人真地這樣想呀。」可惜事實不然。支持自由市場的著作不勝枚舉，從海耶克（Hayek）與艾茵・蘭德（Ayn Rand），到米爾頓・傅利曼（Milton Friedman）、戴維森與里斯—莫格，還有科文。

這些作者有許多傑出的追隨者，包括地球上最有錢與有權的某些人：[10]亞馬遜公司創辦人傑夫・貝佐斯（Jeff Bezos），前美國聯準會主席艾倫・葛林斯潘（Alan Greenspan），前蘋果公司執行長史帝夫・賈伯斯（Steve Jobs），主掌美國第二大私人公司科氏工業集團（Koch Industries）的科氏兄弟——兩人分別擔任董事與執行副總裁，新聞集團（News Corp）執行董事魯柏・梅鐸（Rupert Murdoch），政壇人物川普，美國的雷克斯・提勒森（Rex Tillerson）、羅恩與藍德・保羅（Ron and Rand Paul）父子，保羅・萊恩（Paul Ryan），英國的丹尼爾・漢南（Daniel Hannan）與薩吉德・賈偉德（Sajid Javid），Paypal共同創辦人提爾，與維基百科共同創辦人吉米・威爾斯（Jimmy Wales）。他們都位高權重，發揮著不可斗量的影響力。

政治人物也在響應這種權勢。要攻擊靠補助過活的人很容易，攻擊有錢又懂得避稅的人就很冒險了。提議削減公共支出很容易，提議增加則需要莫大的勇氣。將公部門活動私有化很容易，將私人企業國有化很困難——即使是將瀕臨破產的獨占企業國有化，都會被批評是共產主義。

這個走向很清楚：政府一直在變小、稅也愈收愈少。結局是我們現存的文明在二〇五〇年以前就會衰敗。

1 王爾德，《溫夫人的扇子》（*Lady Windermere's Fan*），倫敦，一八九三年。

2 在真實世界裡，這個故事站不住腳。所有交易裡的買方與賣方絕非全都心甘情願。許多抽菸的人買菸，不是因為他們認為那個價格與香菸帶來的好處相符，而是因為他們有菸癮。不論覺得自己的薪水公平於否，大多數人得出售自己的勞動力是因為別無謀生方式。在大多數交易中，議價能力並不對等。

3 索羅斯，《全球資本主義危機》（*The Crisis of Global Capitalism: Open Society Endangered*），紐約，一九九八年。

4 戴爾・戴維森、威廉・里斯—莫格，《主權個體》（倫敦，一九九七年），一三一頁。

5 羅姆尼演講逐字全稿，二〇一二年。

6 戴爾・戴維森、威廉・里斯—莫格，《主權個體》（倫敦，一九九七年），三一〇頁。

7 戴爾・戴維森、威廉・里斯—莫格，《主權個體》（倫敦，一九九七年），三九三頁。

8 戴爾・戴維森、威廉・里斯—莫格，《主權個體》（倫敦，一九九七年），一四〇頁。

9 羅溫娜・梅森（Rowena Mason），〈勞工福利凍結，標準家庭每年付出三百鎊代價〉（*Benefit freeze to stay for working people costing typical family £300 a year*），《衛報》，二〇一七年十一月二十七號。

10 維基百科，二〇一八年。

# 第五章
# 站在科技引領的分岔路口

根本的挑戰在於，每一次技術革命除了帶來顯著的好處，也會早在新選項出現前就無情地消滅了工作與生計，身分認同也隨之瓦解。因工業革命而衰落的農業與家庭工業、被服務型經濟取代的製造業、被機器學習和全球採購淘空的許多中產階級服務業工作，就是這麼一回事。

——英格蘭銀行總裁馬克・卡尼（Mark Carney）1

說我們正進入人類史上最刺激也最危機四伏的科技發展時代，並不為過。如果我們已經準備好再造經濟系統，我們可能會看到一個全體人口都能豐足的未來。如果我們失敗的話，大多數人都將無從謀生。如果你在一九八〇年以後出生，除非你一直在很有效地儲蓄，否則你到了二〇四〇年代仍得工作才能生存，不過到時你可能沒工作可做了。如果你生於一九八〇年以前，除非你極度富裕，否則你的子女將面臨同樣問題。

科技正在快速帶領我們來到分岔路口。如果我們選對路，充滿吸引力的未來在等著我們。要是我們做錯決定，將提早終結現今的文明——在二〇五〇年以前就會。

## 科技持續快速進展

科技在過去三十五年間改變了我們的生活。在一九八〇年，有電腦的家庭很少——第一部針對大眾市場推出的電腦是一九七七年上市的康懋達PET（Commodore PET）。當時手機還沒上市，第一批手機要等到一九八三年才在美國開賣（每支售價將近四千美元）。提姆・柏納—李爵士（Sir Tim Berners Lee）發明全球資訊網，距今僅三十年。

如今家家戶戶幾乎都有至少一部電腦，每名成人幾乎都有一支手機，而我們全都會用互聯網和行動網路娛樂消遣、購物與社交。在英國，現在的成年人一天會花超過八小時使用科技產品。

商業界也在改頭換面。美國如今有超過八%的零售在網路上進行[2]，英國則是超過二十%。工作整大類地消失，而新類型的工作也持續創造出來。文書處理大辦公室已成為歷史；網頁設計是現在的熱門業務。

有鑑於科技在過去三十年間進展的速度與範疇之驚人，達到原型測試階段的新奇科技又多不勝數，說科技在後續三十五年間將徹底改變我們的生活（不論是好是壞），這是很合理的預言。

往好處想，這些科技有潛力解決人類最嚴重的某些問題。但我們還沒讓一套能適應後續變化的經濟系統就位。如果我們做得到，文明將往更好的方向轉型，否則它將會變得一場胡塗、面目全非——因此，這些新科技的影響不是大好就是大壞。

如果不再造我們的經濟系統，這些科技將重創文明，如同你接下來會看到的。

## 重大新科技將成為主流

就科學與科技進展而言，三十五年是很長一段時間。但今日很多新興科技已經在對我們的生活造成愈來愈強烈的影響。我會特別點出下列幾項科技，是因為我認為它們預告了即將到來之事：

- 積層製造（additive manufacturing）——例如3D列印。
- 奈米技術——例如基因編輯這類新工序與石墨烯這類新材料。
- 新型計算方式——例如量子計算、狹義人工智慧在無人車等方面的新式應用，甚至是能解決任何人類可解決問題的完全人工智慧。
- 清潔能源——就連核融合都有可能成真。

這些科技多數會在二〇四〇年前成為主流，所以在接下來三十五年間，你能預期自己會感受到它們的影響。

## ◎積層製造

要製造一個複雜的結構體，傳統上是先準備一塊原料，再用機器去除不想要的部分。積層製造是採用另一種方式：藉由疊加材料來逐步堆出複雜的結構。積層製造不只已經在專門領域發展成熟，連一般消費者都能應用了，你可以用不到四百英鎊就買到一台3D印表機。

比起傳統製造技術，積層製造有四大優勢：

1. 讓短期生產符合經濟效益，客製化產品也能大規模生產。
2. 從概念到產品的前置時間能大幅縮短。
3. 能為某些應用降低生產成本。
4. 例如晶格等某些類型的設計，用傳統製造技術來做過於昂貴，但利用積層製造就變得可行。

積層製造最初主要應用於快速原型塑造，把原本可能需要好幾週的設計過程減少至數天甚而數小時。隨著科技進步，現在已經能用積層製造來生產零件，從起初的聚合物原料到後來的金屬材質皆可。3D列印現在也進入了主流市場。

這在實用上有什麼意義？短期內，這表示某些製造類商品會降價，特別是客製化產品。如果你的車或洗衣機需要備份零件，從此以後不用再從廠商倉庫調貨，而是能在你家附近「印」出來。

中期而言，你的下一間房子可能是用3D列印而不是蓋出來的。如果你比較想要有弧度而非筆直的牆面，這也辦得到。接下來幾年內，我們可能會看到積層製造在醫療界的應用大爆發，而且到二〇三〇年可能會獲准用於製造新的人體部位。對有錢人來說，3D列印（與其他正在醞釀的某些科技）可能會是救命技術，但財力不足的人恐怕就無緣此道了。

## ◎奈米技術

奈米技術指的是任何一種處理極小物質的科技：小至尺寸只有幾奈米的的層級（一奈米等於$10^{-9}$公尺，也就是十億分之一公尺）。奈米技術在這兩個領域可能會變得至關重要：開發新材料，以及機械或生物微型機器的製造，例如用於基因編輯的CRISPR技術（見後文）。

## ◎石墨烯等新材料

二〇〇四年，曼徹斯特大學（University of Manchester）的教授安德烈・蓋姆（Andre Geim）與康斯坦丁・諾沃肖洛夫（Kostya Novoselov）發現一種技術，可以從石墨（鉛筆芯裡的碳元素型態）提煉出名為石墨烯的單原子層二維晶體，[3]並且因這項研究獲得二〇一〇年諾貝爾物理學獎。

石墨烯的某些特性引來萬眾矚目。它非常輕盈又堅硬無比——比鋼鐵強韌兩百倍卻很有彈性。它是人類能製造的最薄材質（厚度只有一個原子，約莫一奈米），卻是完美的障壁——就連氦這種最輕的氣體也無法通過石墨烯。它的外觀透明，此外也是絕佳的電與熱導體。

這些性質都讓石墨烯能在各領域廣泛應用，從運動（你可能已經用石墨烯網球拍打過球了）、汽機車與航太工業（更輕盈迅速的車輛與飛機）、醫學（穿戴式感測器與新型給藥系統），到電子產業（曼徹斯特大學已經用石墨烯做出全世界最小的電晶體）。

## ◎基因編輯

基因編輯是一種基因工程技術，可以對生物活體內的基因體進行ＤＮＡ插入、刪除或替換部分片段，有點類似剪接影片。

基因編輯以「分子剪刀」為工具，而目前有四種不同的分子剪刀，最知名的或許是CRISPR。CRISPR在二〇一二年問世，共同發現人之一是加州大學柏克萊分校（Berkeley, University of California）的分子生物學教授珍妮佛・道納（Jennifer Doudna），她的團隊當時在研究細菌如何自我防禦病毒感染。他們發現，細菌受到攻擊時會製造出一股基因材料，與入侵病毒的基因序列相符。這股基因與一種叫做Cas9的關鍵蛋白質串聯，能在鎖定病毒的DNA之後把它打斷、使它失去功能。科學家現在能施行同樣的工序來插入、刪除或修復DNA。

CRISPR（以及更廣義的基因編輯技術）有很廣泛的應用可能性——尤其是植物基因改造與醫學領域。遺傳性疾病或許可以治療，免疫系統能夠重建，例如對瘧疾的抵抗力也能用這種技術設計打造，也可以開發重要作物的抗病品系。

當然，基因編輯也可能遭到濫用，極端之一是我們或許能用它來設計嬰兒——負擔得起的人能訂做更強壯、更可愛、智商更高的孩子。另一個極端是生物戰的風險：

> 為了減輕或反轉非預期的不良影響，投入這個領域的科學界正在發展潛在的防範方法。然而，我們還是得慎重考慮生態遭受不可逆傷害的可能性。基因編輯的「軍商兩用問題」特別引人憂慮——也就是和平或軍事目的皆可應用基因驅動工程，例如把有害的基因編入某國的糧食作物裡。優良科技被濫用的前例不計其數，我們沒什麼理由認為基因驅動可以例外。

## ◎新型計算方式

電腦計算的世界非常創新，其中很多新興科技可能在後續三十五年間產生很大影響，從比特幣與其他數位貨幣所用的分散式帳本技術（區塊鏈）、虛擬實境、物聯網，到腦機介面都有可能。

有兩個領域在未來或許會至關重要，那就是量子計算與人工智慧的發展——首先是狹義人工智慧（用人工智慧解決小範圍內的問題，例如影像識別），最終是完全人工智慧。

## ◎量子計算

傳統計算是以「位元」（二進位元的簡稱）概念為基礎，把所有資料視為非〇即一的值來處理。量子計算的優勢在於它根據的是量子力學：粒子能同時處於多個重疊的狀態。一個量子位元的值不限於〇或一，也可以同時是兩者間的所有數值。

某些類型的問題需要測試很多可能性，傳統電腦必須依序一一測試，量子電腦卻能並行。在處理某些問題時，例如對兩個極大的質數相乘所得的數值做質因數分解，量子計算或許能算出實際可行的答案（也就是在合理的時間內算出來），傳統電腦則可能需要數千年。擁有解決這類問題的能力，對解碼與電腦資訊安全特別重要。你的網路銀行安全可以藉由量子計算維繫或破壞。

其他問題也能得益於這類高效能計算，包括為整個蛋白質分子定序，就像現在能為基因甚或整組基因體定序一樣；完全人工智慧的開發當然也是。

## ◎狹義人工智慧在無人車等方面的應用

自動駕駛汽車的概念驗證研究已有近十年歷史，目前正在進行大規模測試。例如，谷歌在美國就有超過二十輛無人車，NuTomony也已經在新加坡測試開發中的無人計程車。

許多評論人士相信，首批可商業化的無人車會在二〇二〇年以前上市。通用汽車（General Motors）與日產汽車（Nissan）的汽車製造部首長都已經證實，他們預期無人車在二〇二〇年前上路。

雖然很難預測是否會出現大規模採用，不過優步（Uber）執行長表示，他預期到了二〇三〇年，該公司旗下所有車輛都會是無人車。如同汽車業的許多創新發明，起初無人車或許會比較貴，但成本可能隨著時間降低，最後變成平價產品，就像自排變速箱、電動窗戶與車內娛樂系統一樣。

而且無人車會平價到一個地步，身在二〇二〇年代的你會發現自己已經在搭乘無人車了。

## ◎完全人工智慧

牛津大學教授尼克・伯斯特隆姆（Nick Bostrom）曾寫道：

……關於人工智慧的未來，專家意見非常分歧。不論是發展所需時間或人工智慧的最終可能形式都有爭議。近來有篇研究指出，關於人工智慧未來發展的預測，「其信心程度就跟人工智慧最終可能會有的形式一樣，變化極大」……針對「人類級人工智慧」的預期問世時間，近來有一連串調查訪調了多個相關專業領域……統合樣本顯示出下列的（中位數）預測……有五十%的可能在二〇四〇年前實現。[4]

如果這預測正確，那麼人工智慧到了二〇五〇年將超越人類智慧，而且可能是大幅超越。不僅如此，人工智慧會反過來用於推動自己的進步，而愈是這麼做，它愈會進步得更快。人類智慧難以處理的問題將有可能解決，而這其中的益處是名符其實的超乎人類想像能力了。

另一方面，人類將不再是地球上最聰明強大的存在，我們將不再是主宰。這其中的不利之處也是無法想像的。

## ◎清潔能源

大多數國家已經在推動計畫，以大幅減少生產能源所排放的溫室氣體。例如德國的環境諮詢委員會（Advisory Council on the Environment）就宣稱，該國到二〇五〇年能百分之百以再生能源供電。[5]這些能源包括風力、太陽能、生質與地熱、核能（核分裂），以及使用固碳與儲存科技生成的化石燃料能源。

到二〇五〇年（或到時再過不久）可能成真的最重大變革之一，是核融合發電將具有商業效用。核融合的誘人之處在於可以穩定供給能源（不像太陽能或風力發電有所謂的「間歇性」問題），所用的原料容易取得，而且既不會生成溫室氣體也不像核分裂有長期放射性廢棄物。

它的重大缺點是所需技術非常複雜，要維持極高溫（攝氏幾百萬度）與充足的電漿粒子密度（以增加粒子碰撞的發生頻率），也要在足夠的封閉時間內將電漿盛裝在固定容積裡。

因為這些技術挑戰，核融合電廠的確實成本仍無法估算。不過有三十五個國家（中國、歐盟二十八國與瑞士、印度、日本、南韓、俄國與美國）已經對這個概念有足夠信心，正在合作打造全球最大的托卡馬克核反應器，這種磁性融合裝置是被設計來證明核融合可以大規模生產能源且沒有碳排放。這個名叫國際熱核融合實驗反應爐（International Thermonuclear Experimental Reactor, ITER）的計畫預計在二〇二五年底前首次產出電漿。這只是為核融合概念做技術驗證，並非可做商業應用的電廠，但如果運作成功將展現五億瓦的核融合電力，足以供應一座小型城市。

一旦核融合的科學與工程系統經這座反應爐驗證，下一階段就是打造一座核融合示範電廠，而這座被稱為DEMO的原型發電廠在設計方面已有長足進展。DEMO能輸出兩吉瓦的電力，與一座標準電廠的產量相去不遠，並且將在二〇五〇年前正式連上電網。如果運轉成功，它將是第一代商用核融合電廠的前身。

## 如果做對了，可以解決人類的諸多問題

這些科技個別看來很令人振奮，集合起來的潛力就令人難以想像了。這些新科技的綜合運用，能賦予我們在接下來三十五年間改善人類生活的能力，而且改善幅度之大，至少能與資本主義黃金時代相提並論。

不計其數的高價產品與服務，以及新的商業模式，全都會成真。世界所需的全部生活成本（**包括環境成本在內**）將出現驚人的降幅。經濟規模也能大大擴張。

光是無人車就會對社會產生重大影響：不能開車或買不起車的民眾，現在可以四處移動了；自覺需要擁有車輛的人會變少，因為有需要時車子就會出現在家門口；街邊停滿這輩子偶爾才動用幾次的車輛，這將成為過去式；我們所需的車輛總數將大幅減少，就連交通阻塞都可能緩解；工作與駕駛公車、計程車、貨卡車有關的人，在無人車上路

的地區要找不到工作了。

積層製造創造的產品在醫學上的應用，加上新型材料、基因編輯，以及用高階計算解決以上新科技相關的難題，將使許多重大疾病的治療法完全改觀。

加拿大已有研究使用CRISPR來針對某種罕見的盲眼症做治療，此外也包含卵巢癌、腦癌、視網膜癌、大腸癌與裘馨氏肌肉萎縮症的療法。阿茲海默症、糖尿病與許多其他重症的發病傾向也有遺傳因素，所以或許也能使用CRISPR做治療。美國也正在研究CRISPR技術是否能用於治療人類免疫缺乏病毒感染。

在醫學界之外，新型材料、清潔能源與高級計算都將改善各種交通運輸的效能、減少環境足跡。就連休閒娛樂也會完全改觀：運動服飾與器材將出現驚人改良，3D列印能製造物美價廉的樂器，虛擬實境會讓電玩遊戲的體驗煥然一新。

這些新科技也能讓各式各樣的服務自動化——從老人照護到接聽客服中心電話都行。日本已經出現一家員工幾乎全是機器人的旅館。更重要的或許是新型態商業模式將變得可行，智慧城市就是一例。根據智慧城市理事會（Smart Cities Council），它的目標是為了改善：

1. 宜居性：城市要提供清潔健康的居住環境，沒有污染或交通堵塞。有數位基礎設施讓人在任何時間地點都獲得即時又方便的城市服務。
2. 工作競爭力：城市提供能增進職能的基礎建設（能源、連通性、計算能力、必要基本服務），以競爭全球的高階工作。

3. 永續性：城市提供的服務不會以侵占後代的資源為代價。

更根本的是，「閉環經濟」或「循環經濟」的概念有達成以下目標的潛力：將廢棄物減至最少、降低成本、防範溫室氣體排放與自然環境惡化等有害污染，並且保護稀有土金屬等有限資源的供給。我們將不再需要於經濟成長與環保永續之間取捨。

下圖來自艾倫・麥克阿瑟基金會（Ellen MacArthur Foundatio），描繪出循環經濟裡的生物與技術循環週期，以及這種經濟概念的三大原則：

1. **保育與強化**自然資本：管控有限的蓄積量，並且維持可再生能源的流動平衡。
2. **充分利用**資源產物：在技術週期與生物週期中，永遠在每個環節都循環利用產品、成分與材料，以求物盡其用。
3. **增進系統效能**：揭露有害的外部效應，並藉由設計規劃將其消除。

總的來說，這些技術與商業模式會產生一些非凡的影響，尤其是世界的總生活成本將戲劇性地下降。

一項產品或服務的主要**財務**成本有勞工、能源、原料和土地，而前面討論過的創新發明可以降低其中多項成本。目前尚未計入但仍至關重要的是外部成本，例如污染、自

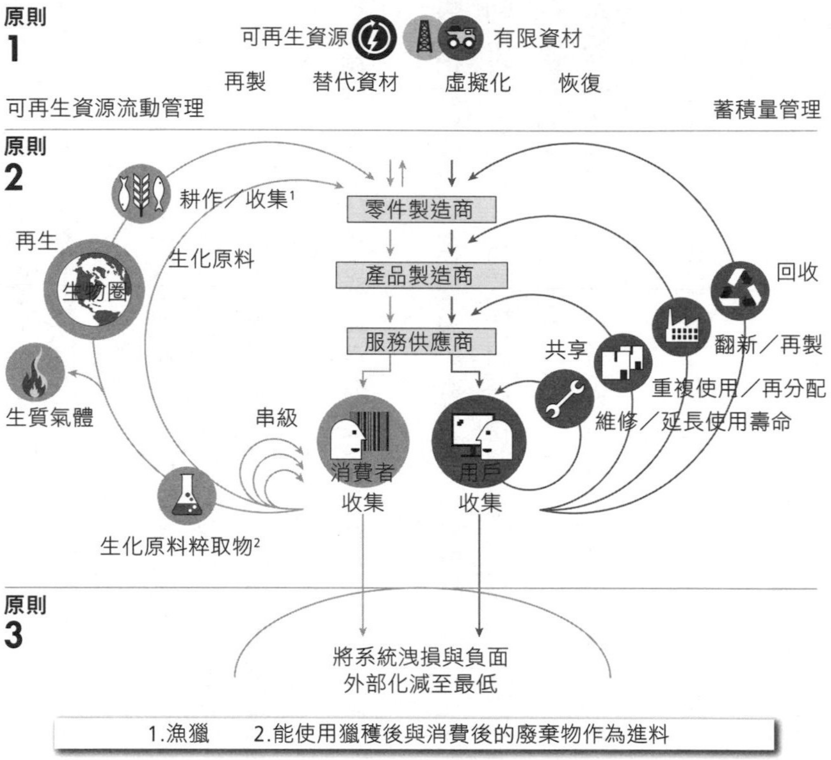


圖十九：循環經濟的主要週期（資料來源：艾倫・麥克阿瑟基金會）

然棲地的破壞與有限資源的耗竭。一個在循環經濟系統裡使用清潔能源的世界，**總成本**會比較低，就是我們目前能計算的財務成本加上難以估算的外部成本。這種世界會遠更為永續。

我們目前對利潤的定義（只計金錢）讓公司**難以**趨向循環經濟。針對它們的外部成本收取正確費用，亦即佘契爾夫人所謂的「污染者付費」原則，能促使公司的經營動機契合整體社會的需求。

在成本降低的同時，我們也能看到自己提供新產品與服務的能力大為擴展。我們提供有價商品與服務的能力不再受限於缺乏勞工、能源或原物料，因此經濟總量體有巨幅成長的潛力——**如果需求可以被看見的話**。

在市場導向的經濟體裡，供給只會「看見」有財力支持的需求，而「看不見」非金錢可衡量的需求。根據這種想法，**窮人沒有（可見的）需要**。

我們的經濟未來因此不再那麼仰賴向人口供給所需產品與服務的能力，因為這種供給能力將迅速擴充，無匱乏之虞。未來的經濟也不再仰賴預期外的需求發展資源，因為老化的人口以及發展經濟永續模式的需要，都會創造龐大的需求。不過這種經濟模式**確實**得仰賴供給「看見」需求的能力，不論這種需求是否有財力支持。

隨著愈來愈多的工作可能自動化，我們面臨了一個挑戰——這些新科技是否會如同某些人的預測，為附加價值更高的新型態工作創造需求，還是會製造出新的下層階級？

## 工業革命的前車之鑑

英國人曾有過這種轉型經驗，雖然我們都不記得了。上一回，我們管它叫「工業革命」。

工業革命是一段前所未有的技術變革時期，改變了社會的幾乎所有面向。後見之明讓我們得以看清工業革命是否增進了普羅大眾的福祉，又歷經多長時間才發揮效益。

歷史觀點告訴我們，工業革命造成了三十年的平均工資滯漲。這是歷時超過一個世代的大規模貧困。

英國是最早工業化的國家之一，而工業化過程大約始於一七六〇年，約莫一八三〇年代告終。許多產業界都受到衝擊：紡織、農耕、鋼鐵、化工與交通運輸，全都在這段期間出現翻天覆地的變化。國內生產毛額也快速成長。

然而不是每個人都幸福快樂：英國有許多手工工人失業，也出現了盧德運動（Luddite movement）。盧德分子攻擊工廠、摧毀機器，想要遏止工作機會繼續被消滅。如今「盧德分子」這個詞幾乎一律帶有貶義，表示某人看不到技術進步的益處。如果我們檢視事實以判斷盧德分子是否站得住腳，結果會很有趣。

牛津大學的羅伯特・艾倫（Robert C. Allen）教授研究過工業革命對經濟的影響，尤其是對一般工人的衝擊，而他的結論是：

> 工業革命的主要推力是技術進步，而這又源於十八世紀的各項知名發明，包括機械紡紗、焦炭熔鑄法、煉鐵與蒸氣引擎。直到一八〇〇年以後，徹底變革過的工業界才龐大到足以影響全國經濟……而薪資購買力停滯不漲……因此造成不平等加劇。[6]

他在另一篇論文針對工業革命期間的薪資做了詳細分析。他的研究顯示大規模工業化（一八〇一—三〇年）打斷了英國的實質薪資成長（詳情可參見99-percent.org網站的附錄頁面）——此時正值拿破崙戰爭期間，但即使有來自軍隊的額外人力需求，薪資也沒有成長。有超過一個世代的時間，英國不論是經濟成長或競爭力都大幅躍進，但實質薪資基本上是凍漲。直到一八三三年，實質薪資才恢復到一七九八年的水準，也就是事隔三十五年。

即使在一八三〇年後續的時期，工業化已大致完成，薪資也再度開始成長，但相較於整體經濟成長速度仍過於遲緩。從一八三〇年到一八六九年，實質薪資的平均成長速度大約是每年一%，而同期間的實質國內生產毛額成長是每年超過二%——超過兩倍速度。

當時的工業革命就是整個經濟體的革命，只不過所有好處都由富人獨享，尤其在最初三十年左右。雖然新技術確實創造出新工作，但比起被它們消滅的工作，新工作通常技術層次較低，薪資也更少。直到工業化過程大致完成，「創造性破壞」也告終，薪資才能恢復成長。

當然，這絕不是在說普羅大眾完全沒有從工業革命受益，經過很長一段時間後，我們當然全都因此大大獲益，我們今日的生活水準也遠高於史上任何時期——沒有歷經工業化就不可能如此。

但這也確實證明了技術進步即使最終有益社會，如果在引進時未經適當管控，還是能導致一個世代或更長時間的人陷入大規模貧困。

## 下一次工業革命會更糟

我們正處於另一次工業革命的風口浪尖上，因為人工智慧搭配其他各種科技，已開始讓機器能從事目前需要人類才可行的工作。

如同達沃斯世界經濟論壇（World Economic Forum）年會的創辦人克勞斯・施瓦布（Klaus Schwab）所說：

現今世界有許多挑戰，而我覺得最艱鉅也最有衝擊性的挑戰之一，是如何規畫「第四次工業革命」。這一波革命的推手是現下科技變革的速度、幅度，以及它帶來的完全「系統創新」。這些挑戰之令人生畏，就如同它們帶來的契機一樣引人入勝。關於科技正如何改變我們與後代的生活，又如何使圍繞著我們的經濟、社會、生態與文化環境改頭換面，我們一定要達成全方位與全球等級的共識——為了打造能反映我們共同目標與價值的集體未來，這至關重要。

二〇一六年達沃斯論壇的各項議程也包含這個問題：「該如何施展科技才有助於惠澤全民的成長，而不是導致失業加劇和收入不平等？」

例如，目前美國有大約十三％人口受雇於零售和運輸業，[7]有跡象顯示，許多這類工作再過幾年都將消失——超市有自助結帳台；有些速食餐廳已引進觸控螢幕點餐系統；無駕駛火車上路了；無人車已達到高階技術水準，具備部分自動功能（例如高速公路自動駕駛）的車輛也上市了；倉庫採用愈來愈多的自動揀貨與包裝科技。光是在這些領域，我們或許就能預見幾千萬個工作機會消失。不過這只是開始。

牛津大學另一個研究團隊一直在密切觀察美國的自動化可能性：卡爾・佛雷（Carl Frey）與麥可・奧斯本（Michael Osborne）檢視了超過七百個職業類別，並且為每一類評估該產業工作在接下來二十年間自動化的可能性。他們的結論是：美國有四十七％的工作屬於高風險類別，在後續二十年間被電腦取代的機率超過七十五％。只有三十三％的工作到二〇三三年被電腦取代的機會低於二十五％，而到了二〇五〇年，這個電腦化過程又將更大幅進步。你可以在99-percent.org網站的附錄頁面看到該團隊研究的更多詳情。

高風險職業包括銷售與相關領域、多種服務業工作、眾多辦公行政助理工作，以及建設與開採業、製造業，還有前面提過的運輸和貨運業。光是高風險類別的職業，在一億四千兩百萬個總工作職位裡，就有大約六千七百萬個工作等著消失。這就是宋恩以馬做比方的那些人。

如果你的工作落在這些領域裡，這值得你關切。即使你從事中上階級的職業，例如醫師、銀行業者或律師，你可能也會為近來的一些發展感到擔憂。薇薇安・閔恩（Vivienne Ming）是美國最知名的人工智慧領域講者之一，她曾在接受《金融時報》（*Financial Times*）訪問時指出：

> 我們真正該擔心的是與人工智慧相關的勞動市場混亂，不只是工廠勞工，知識型勞工也一樣。我認為全球的專業中產階級將受到出其不意的衝擊。

她舉了個例子，是近來在哥倫比亞大學舉辦過一場人類律師對抗人工智慧的競賽，雙方都要閱讀一連串有漏洞的保密切結書。

> 結果人工智慧找出了九十五％的漏洞，人類找出了八十八％。只不過，人類花了九十分鐘閱讀這些文件，人工智慧只花了二十二秒。

往好處想，這代表資本主義的顛峰狀態：新科技讓生產力得以躍進；提供產品與服務的老舊方法缺乏效率，而創造性破壞將這些舊方法綁住的資源釋放出來，用於提供更新穎、附加價值更高的產品與服務。

為了讓人設計、編制、運作與維修所有的新機器，新工作一定會被創造出來，至少短期內會，這些工作大體上也可能薪資優渥，然而做這些事情不會用到六千七百萬人。

近來也有些報告顯示，工作職位不會短少，至少二〇三〇年以前不會——機器人創造的額外財富將帶來足夠的需求，讓所有人都獲得雇用。這種說法或許沒錯，如果達成以下條件的話：（a）這些額外的財富會分配給所有人，所以他們都能促使需求增加，而且（b）自動化供給無法滿足這些額外的需求。這兩項假設聽來都站不住腳，尤其是當我們把眼光放遠到二〇五〇年的時候。

艾瑞克・布林優夫森（Erik Brynjolfsson）是麻省理工學院的經濟學家與《第二次機器時代》（*The Second Machine Age*）的共同作者，他指出：

> 沒有經濟定律規定，「你永遠會創造足夠的工作，職場供需永遠會保持平衡」，一種科技可能在使一群人優勢大增的同時傷害另一群人，一來一往結算下來，工作職缺可能減少。

數千萬甚至數億人將找不到工作的情形比較有可能成真，而且除非我們改革系統，這些人會在極為不利的環境中失業。

到了二〇五〇年的新科技之進步，必然會把佛雷與奧斯本研究分析的展望遠遠拋在後頭。彼時機器幾乎能比人類把所有工作都做得更好，成本也更便宜，說這種情況很有可能發生並不為過。如果工作是大多數人賴以為生的方式，那麼大多數人類將不再有生存之道。

## 即刻反思，才能避免災難性的結果

這是艱鉅的政策挑戰，從未有主要政黨碰過這個議題，而三十五年的準備時間並不多。

比較悲觀的看法傾向認為，佛雷與奧斯本的預測將在接下來二十年間成真，而且社會不會有任何根本性的重組，導致現今美國八千萬正值工作年齡的非經濟活動人口將再增加好幾千萬（其他國家的增加比例也相去不遠）。根據這個觀點，大多數仍保有工作的人會眼見自己的薪資下降（雖然少數人的收入會大幅提高），多數民眾的生活將不得不徹底改變。

《再見，平庸世代》（*Average is Over*）一書的作者科文提議道，比較貧窮的美國人將得離開現居房屋、搬進廉價很多的住宅，以大幅減少開支中的「浪費」，並接受較低階的醫療服務：

> 對貧窮的女性來說，這種節約開支未必有用……子女對單親母親的收入沒有助益。

養育自己的子女可能被視為非常昂貴的特權。位於收入分配低端的年輕女性或許將是最慘的輸家之一，尤其是她們如果非常喜歡小寶寶，促使她們年紀輕輕就生了很多小孩……各收入與教育階層能獲得的醫療服務將變得更不均等。世界看起來將遠更為不公正與不公平，實際上也的確如此。這聽起來相當糟糕，或許實情也就是這麼糟糕。然而，到時還是會出現一些補償方式。首先如同我已指出的，未來會有更多人得到較以往豐沛的扶助，即使沒人說得準這種照顧的品質（還有獲得服務需等待的時間）會是如何。

在現行經濟的系統裡，科技將加速帶我們走向第一章描述的那種反烏托邦世界。有種比較樂觀的看法會說，我們即將迎來一次生產力大爆發，在接下來二十年間，可以讓我們的社會以同樣人數產出雙倍價值的商品與服務。因此，如果我們運籌帷幄得當，或許大家在後續二十年間的財富也能增為兩倍左右。這世界在某些方面，或許會開始變得像一九六〇與七〇年代漫畫書呈現的未來家庭烏托邦畫面：普通人家過著奢華的生活，有機器人從頭到腳伺候得舒舒服服。

這種比較樂觀的看法有個問題，就是我們幾乎看不到政府或哪個重要政黨有任何政策來引導我們走向那個結局。德懷特・墨菲（Dwight D. Murphey）教授將這個政策挑戰如此總結：

電腦、機器人、材料科學與生技方面的科技之驚人，讓未來呈現近似烏托邦的展望，然而在此同時，我們也在往幾乎毫無工作的經濟體邁進。這兩種進展都會深深撼動社會的根本。如果做為收入來源的工作被大幅取代，對開發程度較低的經濟體來說將是一場劫難，因為他們的工作收入幾乎就是唯一的維生之道。在比較進步的經濟體裡，擁有或掌管科技的人以及具備高階技術族群的高所得，或許足以為其他所有人提供相關邊際服務的就業機會，但不平等的程度會大到自由社會所不能接受的地步。

我們有足夠證據下此結論：即將發生的工業革命會對數百萬人造成前所未有的威脅——如果我們不改革經濟系統的話。在接下來二十年，現有的工作近半會自動化，說這是令人極端痛苦的改變還是輕描淡寫。到了二〇五〇年，我們可能會成為幾乎沒有工作的經濟體。

如果我們要避免災難性的社會後果，就得從根本上反思我們的社會與經濟系統。如果我們不改革，就算我們將擁有幾乎無限的供給潛力，大部分的需求都將被無視。許多人的需求無論如何都無法得到滿足。

1馬克・卡尼，〈維持一線生機：大崩潰時代的金融政策〉（*Keeping the patient alive: Monetary policy in a time of great disruption*），世界經濟論壇（World Economic Forum）網站，二〇一六年十二月六號。

2美國人口普查局，二〇一五年。

3曼徹斯特大學，二〇一六年。

4伯斯特隆姆，《超智慧：出現途徑、可能危機，與我們的因應對策》（*Superintelligence: paths, dangers, strategies*），二〇一四年。

5聯合國，二〇一六年。

6牛津大學的羅伯特・艾倫教授，〈保持悲觀：英國工業革命時期的實質薪資〉（*Pessimism Preserved: Real wages in the British Industrial Revolution*），二〇〇七年。

7美國勞動統計局，二〇一五年。

# 第六章
# 財富、權力與自由

人民覺得體制被操縱來對他們不利。而這讓人痛心的地方在於：他們的感覺是對的。

——伊莉莎白・華倫（Elizabeth Warren）

大多數的已開發國家行民主制，運作原理是不論貧富或社會地位，每名成年人一人一票，有平等機會（至少原則如此）來決定國家該如何治理、採用怎樣政策。原則上，不論貧富或地位高低，在法律之前人人平等。世界上沒有完美的制度，但如同邱吉爾（Winston Churchill）所言：「民主是最糟的治理形式——比它更糟的，只有我們過去不時嘗試過的所有其他形式。」

我們在前幾章看到的不平等遽增，已經導致財富與權力大量集中在少數人手中。這引起一些人開始質問，我們的民主制度是否會遭到富裕階級的陰謀破壞。事實上，根本不需要陰謀，我們已經很自然地引發了一連串交互作用，而除非受到阻撓，它們會繼續把更多財富移交到已屬富裕階級的人手中，並且侵犯其他全體人民的民主自由：

- 毋須任何陰謀，財富集中所引發的交互作用會自然導致民主平等的破壞。
- 不只權力，自由也可能集中到極少數人手中；因此，
- 要保護民主與自由，得對抗這些交互作用——但要想達成正面結果並避免不快的衝突，一定要做得有智慧。

## 財富過度集中會破壞民主體制

財富過度集中會自然促發一連串社會、金融與政治力量的交互作用，削弱民主理念。

賺取鉅額金錢是在玩一種遊戲：資本主義的遊戲。當然了，就如同任何遊戲，玩家的能力端視技巧與努力。與大部分遊戲的不同之處在於，玩資本主義遊戲的能力很受這兩個因素左右：你的社交圈與剛下場時可動用的金錢多寡。你是否處於能改寫遊戲規則以利己的位置，也會大大影響局勢。這其中牽涉的交互作用彙整於後面的圖示。

靠商業投資賺錢，需要（a）注意到投資契機，並且能與掌控契機的人打交道，（b）你也有資本可用於投資，而且（c）不是自己擁有操作投資的技巧，就是能買到這些技巧。一開始就有大量資本在手，是玩這個遊戲的大好優勢，能讓你面臨以上三個

門檻時如虎添翼。

這張圖的上半部畫出了這些交互作用，並顯示會自我強化的兩大因果循環。這些交互作用對民主沒有任何直接威脅，雖然它們確實在自我強化，往往也導致富者更富的速度比貧者所能期望的更快。

它們自我強化的效應能有多大，可見於下表。這是出自托瑪·皮凱提（Thomas Piketty）的研究工作，也是他為個人著作《二十一世紀資本論》（*Capital*）所做的部分調查。皮凱提檢視了大學校務基金投資所得的利潤，發現隨著他們可用於投資的資本多寡差異（所有案例握有的資本其實都很可觀），獲

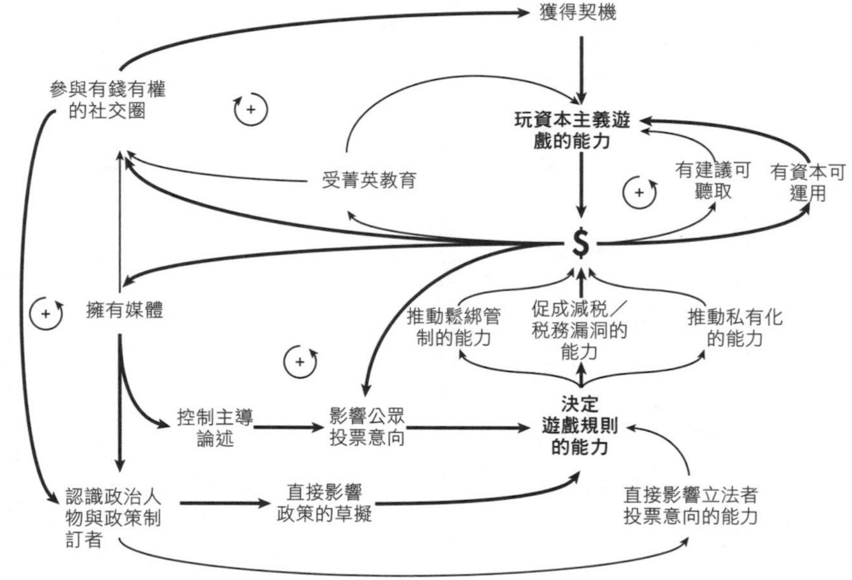


圖二十：財富和權力如何相輔相成

得的資本報酬率也會顯著不同。

圖二十的下半部或許沒那麼顯而易見，卻是反民主勢力的溫床。打入有錢有勢的社交圈，讓人得以與政治人物和政策制訂者往來，也讓人能直接左右政策的草擬和立法者對法率草案的投票意向，如果你也是重要的政治捐獻金主，更不在話下。伴隨極致財力而來的是擁有主要傳播媒體的機會，而這既能鞏固你與政治人物和政策制訂者打交道的能力，身為媒體業主也得以控制社會的主導論述，因此有能力左右數百萬張選票。

這使得最富裕的那群人能左右政策，讓自己的事業得益，例如鼓勵政府用低於內在價值的價格出售公共資產，或是促成減稅與延續稅法漏洞，還有減少監管力度——甚至是引進有利於業界龍頭的監管作法。

即使他們沒動手這麼做，還是能改寫社會規則以圖利自己。二〇〇六年，班・史坦（**Ben Stein**）在《紐約時報》（*New York Times*）上描述了稅務法規是如何優待鉅富人士，而他採用的部分分析來自全球身價數一數二的巴菲特：

> 巴菲特針對他公司的男性與女性員工彙整了一張數據表，

| 校務基金 | 大學數量 | 平均實質報酬率 |
|---|---|---|
| 哈佛、耶魯、普林斯頓（超過一百億美元） | 3 | 10.2% |
| 超過十億美元 | 60 | 8.8% |
| 五億到十億美元 | 66 | 7.8% |
| 一億到五億美元 | 226 | 7.1% |
| 不到一億美元 | 498 | 6.2% |

圖二十一：財富對投資報酬率的影響（資料來源：皮凱提[1]）

為每個人算出一個分數；分子是他們繳的聯邦所得稅和社會安全與醫療保險的薪資稅，分母是他們的應稅收入……結果顯示，巴菲特有來自紅利與資本利得的鉅額收入，然而他繳的稅占個人薪資的比例，卻遠遠低於公司裡的秘書、職員或任何其他人。而且，巴菲特在討論時透露自己沒有做任何租稅規劃，只不過是依《國內稅收法》的規定繳稅。「這怎麼公平呢？」看到自己繳的稅比起員工是如此微不足道，他如此問道。「這怎麼會是對的呢？」

如果你富可敵國，就比較容易拉動這四個關鍵的權力槓桿：

1. 接受菁英教育
2. 進入有錢有勢的社交圈
3. 擁有主要媒體機構
4. 與政策制訂者和政治人物往來

許多人尋得其他管道，毋須家財萬貫就能拉動其中幾個槓桿，不過他們是特例。馬丁・路德・金恩（Martin Luther King）或許能與總統面談，但大多數的美國人都做不到。

然而，身為百萬富翁就很有幫助了：例如比爾・蓋茲（Bill Gates）就曾與多國元首會面，包括美國總統歐巴馬、中國國家主席習近平，以及南非總統納爾遜・曼德拉（Nelson Mandela）。

這四個槓桿中最容易到手的是菁英教育——未來的菁英有很高比例會從各國頂尖的各級學校與大專院校出身。這個槓桿的威力很令人驚奇。例如在英國，總人口念私校的比例是七%，但國會議員念私校的比例是三十五%。更驚人的是，前英國首相大衛・卡麥隆（David Cameron）與他最信任的四名助手全是私立伊頓公學（Eton College）校友，內閣成員更有超過一半出身私立學校，而且大學不是牛津就是劍橋畢業。就如同獲總統接見，家世平凡也有可能進入這些學校就讀（校方均提供獎學金），但你必須天資過人。對於占人口絕大多數的基層九十九%民眾來說，菁英教育遙不可及。身處頂端的一%，機會就高很多了。

任何人凡是身價上億，要打進條件最嚴苛的社交圈大抵不是難事，而且他們如果願意為那些身價千萬的人灑點小錢，也就能與政策制訂者與政治人物打交道了。沒有這等財富，此事幾乎毫無可能。換句話說，現在不是頂端一%的人，而是頂端〇・一%的人才享有這種特權。至於下方九十九・九%的人，要進入那些圈子就需要超人的天賦與堅毅了。

條件最嚴格的槓桿是擁有主要新聞媒體。最多人看的電視頻道與報紙是專屬億萬、幾億萬富翁的特權。

例如梅鐸的媒體帝國旗下就包含英國有兩百萬讀者、最暢銷的《太陽報》

（*Sun*），以及《世界新聞報》（*News of the World*）、《泰晤士報》、《週日泰晤士報》（*Sunday Times*），並擁有英國主要衛星廣播台天空衛視（BSkyB）很大分額的股權。至於他在美國掌控的諸多公司裡有《紐約郵報》（*New York Post*）、二十世紀福斯公司（20th Century Fox，含福斯新聞網（Fox News））、直播衛視（DirecTV）、Intermix媒體公司、道瓊通訊社（Dow Jones News），而道瓊旗下又有《華爾街日報》（*Wall Street Journal*）、《巴倫週刊》（*Barron's Magazine*）與《財智月刊》（*SmartMoney*）。

這些新聞媒體並不怯於展現他們左右政治結果的企圖。一九九二年四月十一號星期六的著名事件，就是《太陽報》聲稱自己決定了甫落幕的英國大選結果。

如果你屬於人口大眾的九十九．九%，不能期待自己對媒體有這等控制力。然而在部分國家，企業家可以直接左右民眾和立法者的投票意向。例如在美國，自從最高法院在二〇一〇年的聯合公民訴聯邦選舉委員會案（Citizens United vs Federal Election Commission）判決企業的政治開支或宣傳不應受任何限制之後，就是如此。富人與有錢大企業要遊說、廣告、資助政黨，甚至指點員工如何投票，基本上是有毫不受約束的權力。

《紐約時報》曾經報導，諸如喬治亞太平洋（Georgia Pacific）、科氏工業與信達思（Cintas）都曾發函自家員工，建議（甚至是命令）他們該怎投票。至少有一名企業執行長甚至威脅過員工，如果歐巴馬連任他就要裁員，那就是西門飯店集團（Westgate

Resorts）的大衛・辛格爾（David A. Siegel）：

> 目前的經濟沒有威脅到你的工作，但同樣的執政內閣要是再做四年，你的工作就真會受到威脅了。我個人或公司要是再被課徵新稅，如同我們現任總統的計畫，我將別無選擇，只能縮減公司規模。

辛格爾先生否認他在逼員工投給他中意的人選，並且將他的指導與好的教養相提並論：

> 我絕對無法逼任何人，我又沒跟他們一起進投票亭。我是真心想讓他們知道，我覺得歐巴馬總統續任四年會怎樣影響他們。這跟告訴你的孩子「把菠菜吃掉，對你身體好」，沒什麼兩樣。

事實上，當他說如果他個人被課徵新稅目，一怒之下就會縮減公司規模作為回應，這種關於失業的說法毫無商業邏輯，只在拿來當威脅看待時才有道理。如同辛格爾先生指出的，我們無法確定員工獨自身處投票亭時，行為是否會受他的威脅影響，但他若不是相信有這個可能，也不會祭出那番話。

還有其他重要領域能明顯看到富裕階級的權勢在左右輿論，氣候變遷就是一個例子。如同美國太空總署（NASA）指出的：

> 多項研究已獲得有同儕審查機制的科學期刊刊登，顯示在積極發表氣候相關論文的科學家當中，有九十七％或更多人都同意：過去一世紀以來的暖化趨勢很可能是人類活動造成的。

| 國家 | 同意氣候變遷主因是人類活動的比例 |
|---|---|
| 中國 | 93% |
| 阿根廷 | 84% |
| 義大利 | 84% |
| 西班牙 | 82% |
| 土耳其 | 80% |
| 法國 | 80% |
| 印度 | 80% |
| 巴西 | 79% |
| 比利時 | 78% |
| 南韓 | 77% |
| 南非 | 76% |
| 瑞典 | 74% |
| 德國 | 72% |
| 加拿大 | 71% |
| 日本 | 70% |
| 波蘭 | 68% |
| 俄羅斯 | 67% |
| 澳洲 | 64% |
| 英國 | 64% |
| 美國 | 54% |

圖二十二：各國對氣候變遷的態度（資料來源：益普索莫里（Ipsos MORI）市調公司）

這種專家圈的近乎一致同意，卻沒有在民間引發類似的共識，至少不是所有國家都如此。

美國在民調中的同意比例與他國相距甚遠，關鍵原因之一是該國國內的反氣候變遷運動，一場「蓄意且有組織的行動，意圖誤導公共討論、使社會大眾誤解氣候變遷」。如同美國《科學人》（*Scientific American*）雜誌在二〇一三年的報導：

> 關於反氣候變遷運動背後的組織基礎和資金來源，美國卓克索大學環境社會學家羅伯特・布魯爾（Robert Brulle）的研究是全球首見的學術調查。該研究發現，透過第三方流動的資金在過去五年間有驚人增幅，由捐助者信託（Donors Trust）與捐助者資本（Donors Capital）等金源無法追溯的基金會經手。總計在二〇〇三到二〇一〇年間，有五億五千八百萬美元經由一百四十個基金會流入一百個反氣候變遷組織。同一時間，例如科氏工業與埃克森美孚（ExxonMobil）這類比較傳統的金主，他們捐贈的可追溯資金消失了。

反氣候變遷運動的例子聽來確實很像陰謀：一小群有權有勢的人同心協力，並且企圖掩飾他們的行蹤。珍・梅爾（Jane Mayer）的《美國金權》（*Dark Money*）與歐文・瓊斯（Owen Jones）的《權勢集團》（*Establishment*）兩本書分別詳述了近幾十年來，社會中某些最富裕人士是如何使用秘密手段加強自己的影響力。

近年有報導揭露了劍橋分析公司（Cambridge Analytica）如何在美國選戰與英國脫歐公投發揮作用，這些例子更突顯出民主的危機。但總的來說，根本不需要陰謀作祟，光是順其自然就會活化圖二十裡的那些交互作用。

和同學保持聯繫，與相同社會階級的人往來，跟朋友交流想法。如果我有擁有一家報社，我想看到它發表我認為正確的主張（也就是我自己的主張）。如果我開了一家公司，我希望法律對它有利。我想盡可能明確大聲地表達個人願望，如果我是某政黨與其獲選公職黨員的主要捐獻人，更不在話下……還有什麼比這些更自然的事情？

換句話說，就算沒有任何陰謀，光是憑著自然而然的行為，有錢有勢的人往往就把遊戲規則改寫得對他們有利。隨著時間過去，一再改寫規則導致財富與權力益發集中——這可以視為大規模貧困出現的根本原因。操縱公共政策或經濟條件來贏利的策略，有時被經濟學家稱為「尋租」，因為這使人得以挪用他人的工作效益，正如同佃農收成如果變好，地主就能提高地租一樣。

尋租的形式五花八門，多到難以列出完整清單——從鑽稅法漏洞到確保私有化的結果對自己有利；從創造壟斷到削弱員工的議價能力；從將公司成本外部化給社會承擔，到奪取監管單位的控制權；此外，當然還有真正出租土地或房產這條路。但尋租如果繼續不受約束，大規模貧困也會氾濫。

極端富裕階級想的話，能影響社會的主流論述，而且力量之大與他們的人數不成比例，倒是可能與他們的財富等量齊觀。他們也能形塑公眾對現實的感知，使其與自己的心意相符，並且影響數千甚而數百萬同胞的選票動向。

他們真正能投進票匭的還是只有一票，但他們有能力影響數百萬張選票。我們維繫了民主的表象，實質卻已經式微。打個不嚴謹的比方，我們已經從一人一票變成一元一票了。又或著更精確點說，是一元、一單位政治影響力。

## 財富過度集中如何破壞自由與法治

為現狀辯護的人有時會主張，要對付前述任何一種自然行為所必然隱含的交互作用，都可能導致侵犯言論自由。以前面提過的聯合公民訴聯邦選舉委員會案為例，美國最高法院就堅持，憲法第一修正案（具體來說是其中關於言論自由權的部分）禁止政府限制企業的政治經費。

然而，自由有兩種不同形式：**做某些事情**的自由，和**免於某些事情**的自由。這兩種概念必須保持平衡。我言說與著述個人想法的自由，不能侵犯你免於被毀謗的自由。我的行動自由，不能侵犯你免於自家土地被入侵的自由。我販賣菸草類產品的自由，不能侵犯你家子女免於接觸有害成癮物質的自由。美國小羅斯福（Franklin D. Roosevelt）總統曾在一九四一年的國情咨文報告中，特別提到行事和免於這兩種自由的平衡：

在我們致力保衛的那個未來，我們期待的是一個以四種人類基本自由為基礎的世界。第一是言論表達的自由——舉世皆然。第二是人人都能以個人方式敬拜神的自由——舉世皆然。第三是免於匱乏的自由；在全球層面，這代表確保各國人民享有健全和平生活的經濟共識——舉世皆然。第四是免於恐懼的自由；在全球層面，這代表世界性的裁減軍備，而且必須貫徹到再沒有任何一國能攻打任何鄰國——舉世皆然。

如果億萬富翁能隨心所欲地用一百萬個聲道發言，普通老百姓卻只有一副嗓子，那麼只要有三百三十名億萬富翁，聲量就能蓋過其他所有美國人。這跟正式從一人一票轉向一元一力很接近了，而且近得危險。我們實際上是在實驗從民主制轉型成唯財富是從的政府，也就是財閥政治。

這種轉向已經使得基層九十九％人民的自由銳減。因為前述的原因，他們被政界聽見的自由和自決的自由都被削弱，而過去三十五年來的立法變化加上大規模貧困的發展，又導致這些法規變遷限縮了他們免於貧困的自由。在附錄四（https://99-percent.org/wp-content/uploads/2019/07/99-Appendix-IV.pdf）可以看到，人民接受高等教育的自由、免於健康不良的自由，以及免於暴力的自由都減少了，就連與同胞享有同等壽命的自由也被削弱。如同以撒・柏林（Isaiah Berlin）所言：「免於狼群的自由，通常是指羊群的死亡。」

在以創業精神自豪的英美兩國，最令人震驚的或許是他們改善自身處境的自由也大幅縮減。雖然英美說得好聽，但兩國的社會流動性都不如法國、德國、瑞典、加拿大、挪威、芬蘭和丹麥等國。

下圖說明的是如果現實中的一人一票真的變成一元一力，這在英國代表什麼意思。

如果英國轉向政治力與財力成正比的體系，那麼收入在基層五十%的人口將擁有不到十%的影響力——他們就算全部集合起來也無關緊要。收入在基層八十%的人口也會輕易被頂層二十%的人勝過。英國尚未採行金權體系，目前仍然比較接近民主制而非財閥政治，不過它往財閥方向移動的態勢讓人很有感。

美國的財富更為集中，所以這種效應可能還會更明顯，如同圖二十四所示。

美國的基層八十%人口只擁

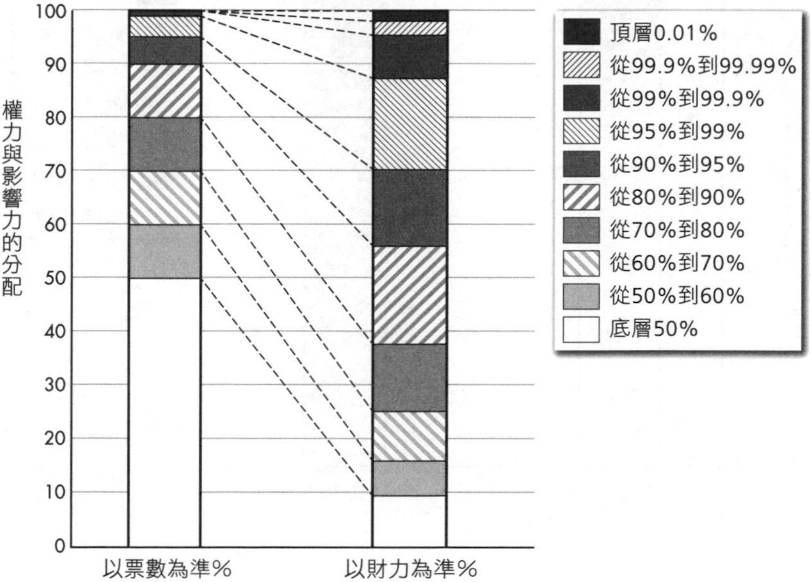


圖二十三：一人一票轉為財閥政治對英國的影響（資料來源：英國國家統計局[2]）

有全國大約十一%的財富，所以在一元一力制之下，他們全都無關緊要。就算是基層九十五%的人，身家占比也遠遜於總財富的五十%——如果權力與財力完全成正比，身價在頂層五%的人將輕鬆控制這個國家。廣大群眾基本上對國政將毫無置喙餘地。

民主制另一個關鍵原則是法律之前、人人平等。只可惜，好律師很貴，所以法律前的平等有時比較像是一種精神目標，而非現實。《經濟學人》（*Ecomonist*）引用詹姆斯・馬修爵士（Sir James Matthew）的諷語，「英格蘭的正義向所有人開放——就像

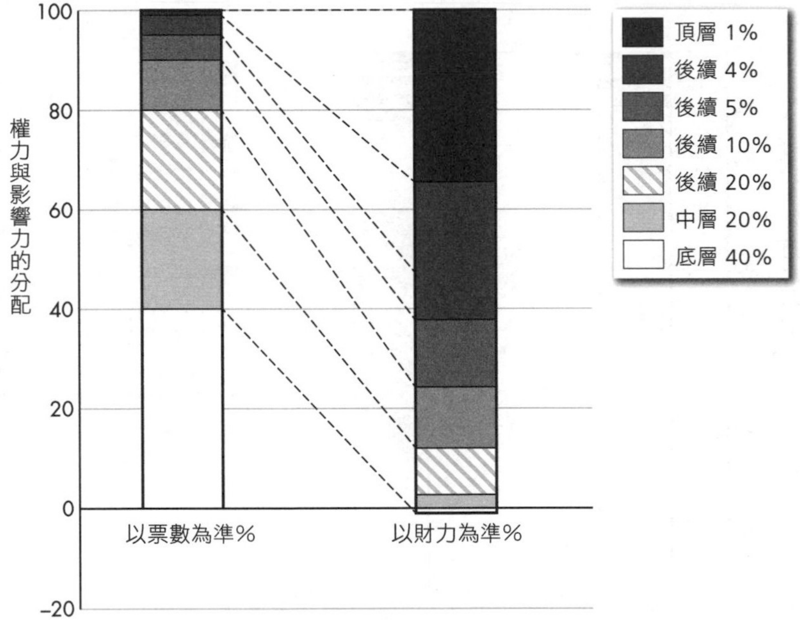


圖二十四：一人一票轉為財閥政治對美國的影響（資料來源：沃爾夫（Wolff）[3]）

麗茲酒店一樣」，暗指英國正在倒退回這種社會：買得起正義的人能擁有它，但其他人就得代表自己出馬試運氣了，甚至得承認正義是無法企及的待遇。[4]

例如，現在每人要付一千兩百鎊才能向法院請求不公正解雇的補償。自從開收這筆費用，這類案件的申請數量就大跌七十％。不過，如同《經濟學人》指出的，請求成功率沒有改變，也顯示這種減量並非只是條件不充分的案件減少。換句話說，認為自己能向法院申訴的人，有七十％純粹是負擔不起提案費用。正義已不再眷顧他們。

法律擬定的方式，看起來也常是約束窮人遠大於約束富人。如同法國作家安那托爾・法朗士（Anatole France）所言：「法律基於莊嚴的平等原則，不論富人或窮人，都禁止在橋下睡覺、在街頭行乞與偷竊麵包。」

## 如何阻擋這些交互作用

現在有兩種可能：我們要不是得阻擋這些交互作用，就是放手不管。如果不採取行動，我們就是在冒險讓現行趨勢持續下去，而本書第一章已顯示這種發展在短期內差強人意，在中長期則無法永續。

這時有趣的問題就來了：如何才能有效地阻擋這些交互作用？要加以反對絕非易事。做出使金權集中的決定比較簡單直覺（藉此得益者獲利甚豐，失意者的損失相較之下很微小），但想要反轉這個過程卻棘手多了。的確，就連討論這類議題都有人強力反對，因為這可能演變為階級鬥爭。然而，如同巴菲特在二〇〇六年的評語：「好吧，階級鬥爭是存在，不過發起鬥爭的是我所屬的富裕階級，而且我們在占上風。」第一章的統計數據證實他所言不假。

如果說窮人在階級鬥爭中打敗富人有助於解決問題，這不太可能。如同在圖二十三、二十四強調過的，收入在頂層二十%所擁有的力量，可能比其餘所有社會大眾集合起來的還多。如果真有什麼鬥爭，基層八十%的人很可能穩輸無疑。就算這種方式成功解決了問題，任何鬥爭對雙方來說都可能很激烈而痛苦，結果是一個嚴重分裂的社會，很多富人會想尋求報復。

比較樂觀的結局是，不論貧富，所有身涉其中的人結為同盟，漸進地發展出一套有效的政策，並且匯聚民意為後盾。終止這些交互作用並不需要富者變貧——如同在第三部會看到的，這在長遠的未來甚至可能讓他們更富裕——社會也不需要改為奉行什麼共產主義，**不過我們確實需要採取行動**。

許多超級富裕階級的成員已經在關切不平等與大規模貧困的問題，也開始提出政策解決方針。例如巴菲特就建議放寬勞動所得稅抵免條件，以保障工作市值跌至可負擔水準以下的民眾仍能過適當的生活。避險基金投資家保羅・都鐸・瓊斯（Paul Tudor Jones II）的個人財產估計在美元五十億之譜。他創立了公正資本基金會（Just Capital Foundation），鼓勵企業行事以整體社會利益為依歸，而不是只致力於將短期利潤最大化。索羅斯表示他個人應該付更多稅[5]，並且創立了新經濟思維研究所（New Economic

Thinking）。而且他們也不是唯一一群人。我們離一個足夠強大團結的聯盟還很遙遠，但認為此事可能成真，已不再只是幻想。

1 皮凱提，《二十一世紀資本論》，二〇一四年。
2 英國國家統計局，二〇一五年。
3 沃爾夫，二〇一二年。
4 《經濟學人》，二〇一四年。
5 索羅斯，〈億萬富翁索羅斯：我應該繳更多稅〉，思想前進（ThinkProgress）網站，二〇一二年二月十三號。

# 第七章
# 世界的八種可能走向

預測是難上加難之事，尤其是預測未來。

——咸認出自尼爾斯・波耳（Niels Bohr）

我們已經看到，在一九八〇到二〇一五年的三十五年間，大規模貧困在多個已開發經濟體已露出端倪，尤其是在美國，而英國也在較晚近幾年加入這個行列。根據推估，在二〇五〇年以前，亦即下一個三十五年週期結束前，現行趨勢將導致社會普遍失序。然而推估不等於預測，而經濟預測的準確度通常很差。面對這種不確定性，關於社會將走向何方，我們究竟能提出什麼說法？

雖然預測本來就很困難，但不可否認的是，以下三個簡單問題的答案將決定我們的未來：

1. **餅會變大嗎？**或是以經濟術語來說，實質人均國內生產毛額在後續三十五年間會成長嗎？

**2. 多數民眾分得的分額會變大嗎？實質中位數收入會在後續三十五年間成長嗎？**

**3. 我們會和平地轉型進入未來嗎？**

以上每個問題都可能有肯定或否定的答案，綜合起來會得出未來的八種局面，除此之外別無其他可能性。這八種局面可見於後面的圖二十六：

## 局面一：革命後再造文明

圖二十六的左上角是革命。在這個局面下，經濟總量體持續成長，中位數分額也成長，兩者都是正面結果，不過通往這種狀態的道路並非和平轉型。即使最終狀態能為人接受，過程卻不是——這仍然代表我們目前的文明是在劇烈失序後重建一個新文明。

| | | 餅會變大嗎？ | | |
|---|---|---|---|---|
| | | 會 | 不會 | 我們會和平地轉型進入未來嗎？ |
| 中位數配額會成長嗎？ | 會 | 局面一：革命 | 局面二：徵收富裕階級 | 暴力轉型 |
| | | 局面三：團結而豐足 | 局面四：活躍的慈善 | 和平轉型 |
| | 不會 | 局面五：接受貧困 | 局面六：全體共同衰退 | |
| | | 局面七：新封建主義 | 局面八：社會崩潰 | 暴力轉型 |

圖二十五：世界在二〇五〇年的八種可能局面

## 局面二：徵收富裕階級

右上角是**徵收富裕階級**。這個局面還是比較不愉快，甚至沒有可以永續的優點可言。整體經濟沒有成長，但中位數分額變大了——換句話說，社會大眾變得更富有，但這純粹是強行徵收富裕階級所得的結果。這個局面不能無盡地持續，因為在整體經濟萎縮之下，最終將再也無法從那些曾經富裕的人手中徵收所得與財富。

## 局面三：團結而豐足

下一種局面是**團結而豐足**，也是目前為止最吸引人的。整體經濟持續成長，中位數分額也隨之提高。此外，這種轉型的過程很和平——社會攜手施行能促成所得與財富共同成長的政策。

## 局面四：活躍的慈善

靠**活躍的慈善**運轉，看似不太可能。這大體上很類似徵收富裕階級，只不過富人必須心平氣和地同意交出自己的財富與所得，這個局面才能成真。

## 局面五：接受貧困

接受貧困或許也不算穩定局面，這意味著即使經濟持續成長，社會大眾仍預期要忍受無止盡的所得減少，而他們要經歷的是物資愈來愈匱乏，社會各界的援助也減少。民眾是否能忍受一個物資缺乏與孤立的世界，仍屬未知。我們已經看到底層民眾益發高漲的憤怒：愈來愈多證據顯示勞工階級在變得激進，種族與宗教仇恨犯罪也開始增加了。面對另一場為時三十五年的大規模貧困，要維繫和平的民主政體似乎不太可能。

## 局面六：全體共同衰退

全體共同衰退的可信度也令人存疑。這種局面要能發生，富裕階級與社會大眾都得認命接受自己的生活水準降低，而不是靠著犧牲他人以力求自保。以過去三十五年的經驗為鑑，這似乎不太可能發生，但也並非絕無可能。

## 局面七：新封建主義

新封建主義代表一個由富裕階級把持的世界。經濟不斷成長，但大多數人繼續變得更貧困，也對此無能為力。

## 局面八：社會崩潰

最後一種局面是**社會崩潰**，也代表新封建主義的失敗。財富過度集中，導致需求開始減少，就連富人也開始變窮。

哪一個局面最終會成真？或許不是位於表格右側的那些：經濟在中期內確實比較傾向成長。以英國為例，自一七〇〇年起，經濟就未曾在三十五年的期間內萎縮過。

在表格左側的各種局面裡，只有**團結而豐足**稱得上是現有文明存續的表現——就連**接受貧困**都是從代議民主制（和平地）轉型成實質上的財閥政治，而另外兩種可能局面都涉及以武力更替政權。

以圖解呈現，讓我們得以針對**團結而豐足**和**接受貧困**這兩種局面做質性的比較。

從下圖呈現方式可以明顯看到，我們面對的與其說是經濟難題，不如說是政治難題。在這兩種情況中，供給的總值相同，差別在於供給的目標。在團結而豐足的局面中，供給的首要目標是滿足最基本的需求（生存必要、正常生活與安適生活），而全體人口的這類需求也確實完全獲得滿足。大多數人的部分希望和欲求也得到滿足，只有少數人享有極度奢華的生活（如同現今世界）。

在**接受貧困**的局面裡，供給的目標更偏離靶心，而我們看到比較多人的最基本需求未獲滿足，也有相當數量的社會成員無法享有正常生活，遑論安適度日。另一方面，對

團結而豐足

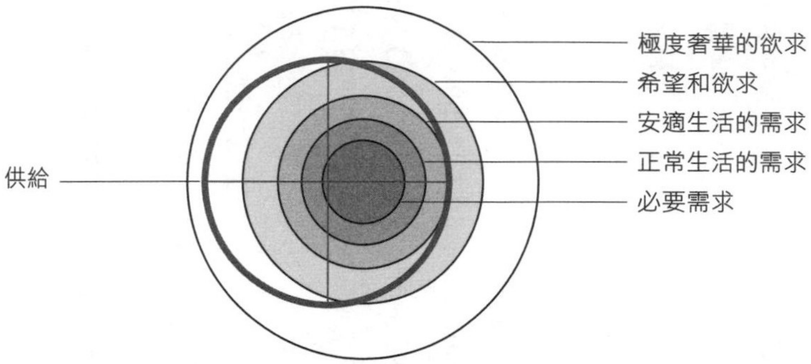


接受貧困

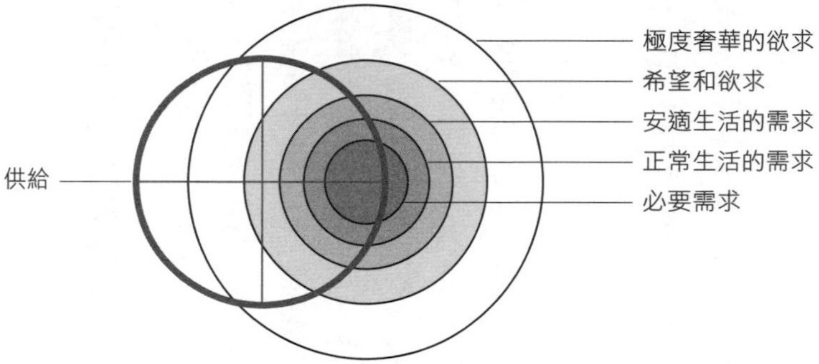


圖二十六：二〇五〇年的世界——兩種局面

極度奢華生活的供給卻遠超過其他生活層次。

## 現行政策並未帶領我們走向值得期待的結果

要討論英國政策方向比美國容易，因為保守黨自二〇一〇年就執政至今。雖然該黨的領導階層有過變化，政策也略有修改，但整體方向大抵相同。

當英國新政府發表二〇一六年秋季預算報告書時，該國財政研究所（Institute for Fiscal Studies）比較了本屆與上屆政府的政策有何異同。簡而言之，與卡麥隆／奧斯本（Osborne／George Osborne，後者為時任財政大臣）政府相較，梅伊／哈蒙德（Hammond／Philip Hammond）政府的政策雖然有所改善，但他們可能帶來的影響仍是推動社會向大規模貧困繼續前進。財政研究所的分析為不久的將來描繪出一幅黯淡的前景：

> 根據以上預測，到了二〇二一年，實質薪資仍會明顯低於二〇〇八年水準。再怎麼強調這有多糟都不為過——實質所得有超過十年時間都不會成長……在過去七十年間，絕對沒有能與此相提並論的時期。

英國決議基金會（Resolution Foundation）仔細檢視了政府政策對收入水準的影

響，並結論道：「整體來說，前朝政策對英國最貧困的那半數家庭所造成的打擊，現任財政大臣只反轉了七％。」換句話說，前財政大臣的政策會延續大規模貧困的發展，而哈德蒙雖略有改善局面，但程度不大。讀到這裡你或許在想，「沒錯，是有人受苦，但若要為經濟打下長期的扎實根基，這是必要手段」。如同我們之後會看到的，事實並不支持這種論證。

根據他們的預測，除了平均薪資的表現會極度糟糕，收入較低的人口階層也會承受不成比例的痛苦。這當然是比較近期的前景。很不幸地，長期展望會讓我們看到更多挑戰，原因是第五章提過的多數工作將自動化，而且社會（在現行政策之下）無力應付這種現象。

當然了，美國因為川普當選總統，又代表未來發展方向出現更顯著的改變。他力推過最重大的法律是稅改法案，而根據稅務與經濟政策研究所（**Institute on Taxation and Economic Policy**），該法案將導致美國在二〇二七年的稅收減少共兩千〇五十億美元，而這筆預估減稅額度中有超過九百八十億美元（四十八％）歸收入在頂層一％的人所有，只有三十九億美元（二％）屬於底層二十％人口。

兩千〇五十億美元代表美國每個男性、女性與兒童能平均分得大約六百四十美元。如果這筆錢真的如此分配，讓所有美國人都平等受惠於那部法案，那就只會有二十億美元歸頂層一％人口所有，底層二十％人口則會得到四百一十億美元。反之，川普的稅改法案對頂層人口的慷慨程度，是對底層人口的四百八十倍。

尤有甚者，如果減稅的代價是縮減公共服務與津貼，那麼實際付這筆稅金的人就是廣大民眾。我們似乎能對美國合理地下這個結論：現行政策一言以蔽之，就是會加速大規模貧困。

英美兩國政府即使是出於無心，也都在把我帶往第五種局面：**接受貧困**。

## 政策若不改弦更張，前景將不樂觀

決議基金會的分析也讓我們看到，目前當局納入考量的政策範圍相當狹隘。當然了，分析中提到的兩套政策都出自保守黨財政大臣，但就算在不同政黨之間的政策差異也很小。在目前所有主要的已開發國家，沒有任何一黨：

- 已承諾使用涵蓋範圍完整的政策選項，以終結大規模貧困。
- 根據改善平民生活的成效優劣來衡量政策的表現。
- 規劃貿易與移民政策時，以全民共享全球化益處為出發點。
- 握有任何政策來應對自動化在後續三十五年間會導致的大規模失業。

如果政策沒有更大刀闊斧地改革，我們充其量是在通往**接受貧困**的路上前進。光是此一局面成真就夠糟了，更別說其他結局可能是革命或**新封建主義**。

這些結果沒有任何一個代表我們的文明成功延續到二〇五〇年。我們正在往一個非常糟糕的方向前進。

不過，我們還是能採取一些行動來加以改變。在本書的第二部，我們會探索有哪些屏障能「防止」政府施行前面指出的政策，而第三部會更深入檢視我們必須採取哪些行動，以確保我們能打造一個**團結而豐足**的未來。

·第二部分·

# 為什麼我們遲遲不行動？

你不知道的事不會給你帶來麻煩。
這是你肯定知道的，但事實並非如此。

——馬克・吐溫（Mark Twain）

這本書的第二部分闡明了行動的障礙存在於我們的頭腦中。我們不是被外部世界的任何特徵所束縛，而是被我們認為我們所知道的東西所束縛。囚禁我們的不是現實，而是對世界的後事實描述。

「後事實」（post-fact）[1]的概念在二〇一六年美國總統大選和英國脫歐公投之後已經成為主流。但後事實政治並不是新鮮事，而且歷史告訴我們它可能非常危險。儘管令人振奮的是，政府的某些部門正開始意識到這種風險，但我們沒有理由自滿，因為媒體、政客以及普通民眾有一種後事實化的自然傾向。

當政客和記者談論經濟時，他們通常會使用神話和比喻。這些神話和比喻被廣泛使用，甚至被那些在這一領域的所謂專家所使用，很自然地讓我們得出這樣的結論：我們今天的經濟運行方式是最好的方式。然而，這些神話和比喻與官方統計的真實世界毫無關係。

不幸的是，即便是經濟模型也往往會成為這個後事實世界的一部分。由於它們所基於的基本假設以及它們所建立的結構，最常用的經濟模型並沒有讓我們深入瞭解我們正在努力解決的最重要和最基本的經濟問題，例如大規模貧困或金融危機。它們並不以任何重要的方式代表現實世界——它們代表了一種複雜的後事實思維形式。然而，正在發展的新型經濟模型可能使我們能夠更好地探討這些重要的問題。更危險的可能是使用修辭，以這些模式、神話和比喻為基礎，歪曲甚至扭轉我們對事實的看法。這些模型、神話、隱喻和修辭結合在一起，形成了一種極其似是而非但完全沒有根據的敘述，即做任何不同的事情都是無法承受的。政客們甚至能夠愚弄自己。正如菲利浦‧艾斯頓（Philip Alston）談到英國時所說：

> ……僅靠統計資料無法全面反映英國低收入人群的生活狀況。它的表現是顯而易見的。該國最受尊敬的慈善組織、領先的智庫、國會委員會（parliamentary committees）、國家審計署（National Audit Office, NAO）等獨立機構，以及更多人都把注意到戲劇性的下滑：最富裕的人的財富在減少。
>
> 但自始至終，有一個演員一直固執地拒絕認清現實。政府一直處於堅決否認的狀態。

雖然我們繼續接受這些花言巧語，但我們清楚和準確地思考問題的能力仍然非常有限，以及政府制定合理政策的能力仍然是微不足道的。換句話說，這種「負擔不起的敘事」（the narrative of unaffordability）意味著別無選擇。但事實告訴我們，仍然還有許多其他的選擇。

1 無論是「後事實」（post-fact）或是「後真相」（post-truth），都意指一件事件並非沒有事實或真相，而是人們不再重視事件的真實性，只相信自己願意相信的那一面相。

第八章
# 後事實化

每個人都有權提出自己的意見，但無權提出自己的事實。

——丹尼爾．派屈克．莫尼漢（Daniel Patrick Moynihan）

後真相（形容詞）：表示或指出在某些環境裡，取悅情感或個人信念比提出客觀事實更能夠影響民意。

——牛津字典

牛津字典在二〇一六年收錄了「後真相」（post-truth）這個詞，代表在這一年裡，這個詞的使用量增加了——在英國決定是否留在歐盟的公投，以及美國的總統大選中尤其如此。

傳統媒體報導了許多後真相言論，有時甚至認同部分言論，比如宣稱歐巴馬總統出生於肯亞，以及英國如果脫離歐盟，國民健保署（National Health Service, NHS）每週能多獲得三億五千萬鎊的資金。

過去幾年，主流媒體也像牛津字典所指出的一樣，開始對後真相現象提出評論。他們通常認為，後事實化（going post-fact）是相當新潮的社會現象，受影響和傳播者主要是社會上教育程度較低的階層。後事實化這個問題一直沒有被嚴肅看待，直到最近才有所改觀。

後事實化其實並不新潮、不只牽涉低教育階層，而且也非常危險。雖然社會菁英正在察覺到它的危險，但要反轉這樣的潮流很困難，因為後事實這條路上有著非常強烈的誘因讓人走偏。

## 後事實化並非新的社會現象

一些歷史上最齷齪的篇章，比如希特勒的第三帝國，或是約瑟夫·麥卡錫在美國散布的「紅色恐慌」（red scare），正是由後事實政治所造成的。而在更晚近一點，後事實論述也相當流行，英國兩大黨對誰更擅長處理失業問題的論戰即是一例。

希特勒的宣傳部長約瑟夫·戈培爾（Joseph Goebbels），顯然最懂「有效的政治宣傳」和「有道理的真相」之間區別在哪：

> 政治宣傳就是用我所領悟的真相來吸引、征服人民。首先，第一步是領悟；這份領

悟需要政治宣傳來找到一群人，來將這份領悟轉化為政治。政治宣傳最重要的是成功與否，它的成功並不取決於一般大眾，而是取決於實踐它的人。它不需要親切討喜，也不需要有理有據……政治宣傳的任務並不是探索有道理的真相。

沒有人敢低估戈培爾成功的政治宣傳，讓這世界付出了多少代價。

第二次世界大戰後，美國對共產黨的恐懼除了影響外國，也不斷在國內蔓延，這樣的恐懼讓約瑟夫．麥卡錫參議員有了宣揚「紅色恐慌」的舞台。一九五〇年二月，麥卡錫的演說吸引了全國關注，使他成為家喻戶曉的人物。他手裡拿著一張紙，宣稱他有一張名單，上頭有二〇五個已知的共產黨員，這些人正在國務院裡「研究和制定政策」。不久之後，參議院下的小組委員會對這項指控進行調查，發現毫無證據可證明國務院內正發生這種顛覆行動。許多議員同儕也不再支持他的作法。

這份名單因此不足採信，但然而麥卡錫仍在群眾支持下繼續宣傳。成功職掌參院國安委員會（Committee on Government Operations）以後，他就著手調查中國共產黨滲透聯邦政府的相關指控，在一系列的聽證會中強硬審問證人。儘管無法證明真有顛覆行動存在，在麥卡錫這些被許多人認為侵犯公民權利的調查中，仍有超過兩千名公務員喪失了工作和名譽。

直到麥卡錫把心思從公僕轉向軍方，他才終於踢到鐵板，因為軍人擁有更多大眾支持，也更有能力捍衛自己：

一九五四年四月，麥卡錫參議員轉而關注「揭露」軍隊中可能的共產黨滲透。先前對付公務員和其他所謂「菁英」的宣傳，讓許多人願意忽略內心對麥卡錫主義的不適感；但這次，他們的支持開始消退了。幾乎就在同時，麥卡錫五年以來的金剛不壞之身也開始破功。

首先，陸軍提出證據，指出麥卡錫曾試圖為受召入伍的助理關說，打擊了他的信譽。不過真正的致命一擊是「陸軍 vs 麥卡錫」聽政會的全國電視轉播，美國人看見了麥卡錫如何威脅證人，以及如何在遭到質疑時閃爍言詞。當他攻擊某個陸軍的年輕律師時，首席律師終於暴怒：「先生，難道您沒有一點羞恥心嗎？」這場陸軍 vs 麥卡錫的聽證會震撼了許多觀眾，被看作是美國政治最可恥的一刻。

麥卡錫這五年間對美國社會所造成的傷害，花了許多年才終於平復。

並非只有暴君和煽動家會提出後事實主張，即便是正經的政治家，也會發現後事實有些時候真的非常方便。柴契爾能在一九一七年的選舉中成為首相，至少有部分是因為海報上一句口號所傳達的強烈訊息：「工黨不做事，勞工沒事做」（Labour isn't working）。在那一年，這句話還算公道，因為工黨執政期間失業率成長了一倍，承諾處理此問題就成了非常有力的政治口號。

下表是戰後時期英國的失業率：

色塊代表當時執政的政黨，深灰色是保守黨，淺灰色是工黨。然而，如該表所示，保守黨不但沒有處理問題，在一九七九到一九八六年之間，失業率甚至上升了不只一倍。直到一九九〇年，失業率才終於下降，但仍然無法降回一九七九年保守黨接手政府時的水準，而且後來又再度上升，一九九二年才下降。保守黨從來沒能讓失業率回到他們當初上台時的水準。

到了一九九九年，工黨的東尼．布萊爾（Tony Blair）政府上台，失業率才終於回到柴契爾上台前的水準，而且直到二〇〇八年金融海嘯造成大衰退（Great Recession）為止，失業率都一路下滑。在一九八一到二〇〇九年間，每一個失業率高於平均的年度都是由保守黨執政，而幾乎每一個失業率低於

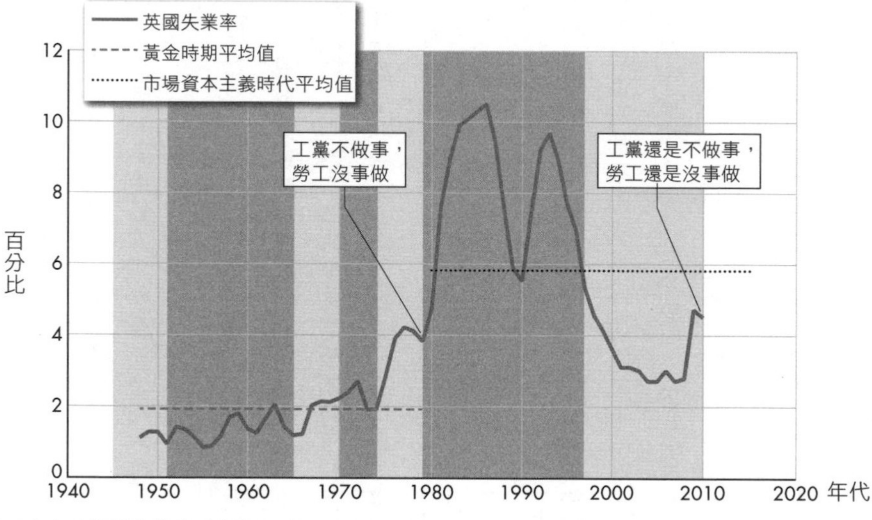


圖二十七：英國失業率（來源：ONS, Political Science Resources）

平均的年度，都是由工黨執政。就算是在金融海嘯的衝擊之後，二〇一〇年的失業率也比工黨接替保守黨時要來得低。

若從事實出發來討論失業問題，就會發現保守黨毫無理由在二〇一〇年批評工黨的政績；然而在後事實的世界中，他們仍用下面這張海報大肆抨擊，效果十分顯著。

如果選民知道這些關於圖二十八的事實，也知道過去兩黨在失業問題上的績效，這種宣傳策略就不會奏效了

圖二十八：2010年大選的海報（來源：Pringle）

## 傳播後事實的不只是低教育階層

近來媒體上對後事實化的討論，都集中於《每日郵報》（*Daily Mail*）讀者、福斯新聞（Fox News）觀眾以及在各種社群媒體上發文的使用者。這些討論造成的印象是，教育程度低的社會階層更容易傾向後事實化，以及拒絕接受（真正知道發生什麼的）專家意見。根據這些討論內容，脫歐公投和川普當選都顯示，有一大群人所投的票，都違反他們的利益，也違背最了解實情的專家忠告。

但這種說法不但過度簡化，也有取巧之嫌。雖然從《每日郵報》、福斯新聞、臉書或推特獲取訊息的人很難掌握現實的樣貌，但社會菁英也同樣活在他們的同溫層（information bubble）裡——也就是說，他們同樣後事實化了。

在金融海嘯之前、之中和之後，這種菁英之間的主流說法都清楚顯示了同溫層的存在。在此以前，無論左翼還是右翼，建制派（Establishment）中各派系都相信，全球經濟的運作大致上都良好無虞。只有少數人警告，鑑於各國之間貿易順逆差失衡的規模，以及各國國內不平等日漸嚴重，經濟勢必會出問題——經濟學家韋恩・戈德利（Wynne Godley）也提出了這樣的警告，但沒有人聽進去。房地產經濟學家迪恩・貝克（Dean Baker）等少數人警告了房價泡沫化的危險，而這些警告同樣也遭到忽視。

只有很少人，比如國際政治經濟專家丹尼・羅德里克（Dani Rodrick）願意接受全球化正面臨衰落，急需應對之方，這些疾呼仍然未能造成影響。

銀行家和負責管制的機構都想要相信，現代的，特別是大銀行的風險管理技術足夠精緻有力，對於銀行需要多少資本緩衝來保證安全的自我評估，人們大可放心信任。換句話說，市場知道怎麼做最好，我們只需要最低限度的管制機構。這種態度正如美國聯準會（Federal Reserve）前理事長艾倫．葛林斯潘（Alan Greenspan）在金融海嘯後所說的一樣：

> 我曾誤以為銀行這些組織的自利動機，會讓他們成為最有能力保護股東的角色。在我處理美國經濟的六十年來，這樣的假設一直都很可行。所以當這種假設徹底崩潰，我就嚇得失去了信心。

二〇〇七年出任英國當時監管機關金融服務局（Financial Services Authority, FSA）局長的赫克特．桑特（Hector Sants）也坦承：

> 直到金融海嘯來襲以前，最盛行的觀念仍是市場知道怎麼做最好……金融服務局其實沒有預見到任何危險，也沒有做任何判斷……就算你的商業模型可能會陷入困境，我們也不會過去跟你說：「你不該這樣做」。這個組織完全沒有關於商業模式風險的遠見。

政客和經濟學者普遍相信經濟能夠永續成長，許多人都把「大平穩」（Great Moderation）或「美好的十年」（NICE, non-inflationary consistently expansionary decade，即零通膨且穩定擴張的十年）掛在嘴邊。英國財政大臣戈登・布朗（Gordon Brown）解釋了工黨是怎麼終結了經濟不穩定的：

> 現在，我們將要跨出一九九七年來最重要的第一步，終結戕害我們的經濟不穩定；我們要消滅保守黨那種曇花一現的繁榮，因為那只會圖利少數特權階級，卻剝奪了其他數千萬人的安穩生活，令他們向下沉淪。

在金融海嘯初期，許多人還是傾向將這場「人類史上最嚴重的金融危機」，當成只是一場很快就能解決的小小區域性困境。聯準會理事長班・柏南奇（Ben Bernanke）就說：

> ……我們認為次級房貸對整體房地產市場造成的麻煩應該很有限，它不太可能對其他的經濟和金融體系造成全面性的重大影響。

等到海嘯真成了滅頂之災，人們才終於放棄繼續這樣逃避現實。葛林斯潘承認了他那套自由市場觀點放在現實裡確實有問題：

呃，各位知道意識形態這玩意吧？就是人們用來理解現實的概念框架。每個人都有意識型態。每個人都一定有——只要存在，就一定需要有某些意識形態。問題在於，這種意識形態到底精不精確。而我要說的是，我的意識形態確實有缺陷。我不知道這個缺陷有多大，或是會存在多久，但這讓我很難過。

我以前相信，這個經濟模式可以說是決定了世界運作的方式，現在我卻發現它不太對勁。

他很誠實，只是才沒過多久，這套老觀念就開始復甦了。自由市場經濟學家開始竄改金融海嘯發生的始末，銀行也重新開始反對更嚴謹的監管。芝加哥經濟學派的尤金・法馬（Eugene Fama）否認美國發生過房市泡沫，暗示金融海嘯後的大衰退是因為政府想要挽救銀行業才造成的；如果政府不要這樣做，海嘯的餘波只會持續一、兩個禮拜：

我們從來沒試過讓政府退到一旁，放任這些金融機構倒閉。如果這樣做的話，我們需要花多久讓一切重回正軌、釐清到底發生了什麼呢？我想只需要一、兩個禮拜的時間吧。但政府介入卻造成了更多問題——在可見的未來裡，我們都無法逃離這些問題。當然，政府如果沒有插手，後果也可能非常可怕，但我們是沒有機會知道了。我認為只要一、兩個禮拜就能把問題搞清楚。政府應該放手那些公司倒掉。我們就讓雷曼兄弟（Lehman），還有華盛頓互惠（Washington Mutual）倒了。這些都是很大的金融機構。但我們卻不讓某些銀行倒掉。我覺得這看起來沒什麼邏輯，也沒多少道理。

不過實際上，雷曼兄弟的破產程序一直拖到二〇一五年才完成，距離他們倒閉有整整七年。

巴克萊銀行（Barclays Bank）的執行長鮑伯・戴蒙德（Bob Diamond）在二〇一一年出席英國議會聽證時表示，他希望銀行業恢復正常運作：

銀行業已經經歷了一段充滿悔恨與歉意的日子，但這段日子該結束了。我們需要讓銀行願意承擔風險、找回自信，和英國的私部門合作創造就業、推動經濟成長。

戴蒙德警告議員，如果他們試圖限制銀行紅利（banker's bonuses），只會讓銀行業外移：「我們可以選擇不要投資英國境內的銀行。」

我們常以為後事實都是明目張膽的謬論，就像路易斯安那雷恩市市長所發的這段「推文」一樣：人們很容易看見把謬論當成事實兜售的這種後事實化有多危險，但社會菁英的後事實化更是精緻，危險性也不下前者。這些相信後事實的菁英，他們相信市場永遠知道怎麼做最好、泡沫化不曾發生、銀行監管過度、無可挑剔的全球化沒有犧牲任何人，這些人和現實嚴重脫節，不知道有大量同胞正因此受苦受難。而和同胞脫節的菁英，基本上就是流氓。這種精緻的後事實化，為後來更全面的後事實化鋪平了跑道。

## 後事實世界極端危險

做出好的決定需要真確的事實。這就是為什麼後事實化會帶給世界空前危害：社會將難以進行理性的政治討論，變得兩極化，極端主義將氾濫成災。

### ◎後事實化世界難有理性政治

在莫尼漢（Daniel Patrick Moynihan）參議員的世界裡，永遠存在和政治對手好好討論的空間，因為對手也同意事實，能和他討論這些事實的意涵。如果有什麼不同意見，只要掌握更多事實就能釐清彼此所處的情境。最後，真相會獲得勝利，而對立雙方會調整自己的立場。在這樣的世界裡，公民對話是常態，人們可以期待理性的政治，並達成某種程度的共識。如果缺乏事實層面的共識，比如有一方相信全球化是一切問題的來源，另一方不斷跳針全球化對經濟有益，那理性辯論就會困難許多。

媒體，尤其是社群媒體的發展，讓每個人愈來愈有機會建立自己的「事實」。卡列柏·嘉德納（Caleb Gardner）發現：

有四十四%的美國成年人從臉書上獲取新聞，千禧世代則有六十一%……如果這還嚇不倒你，那你對臉書的演算法肯定一無所知。如果你的父母中有人支持川普，他們看的新聞絕對跟你完全不同。

《同溫層：網路不跟你說的事》（*The Filter Bubble: What The Internet Is Hiding From You*）的作者埃里・帕利賽（Eli Pariser）和嘉德納一樣對演算法感到擔憂：

> 要實現民主，公民要能從他人的角度來看事情，但我們卻愈來愈往同溫層裡退縮。民主需要仰賴普遍的事實，而我們身處的宇宙卻愈來愈缺乏交集。
>
> 打從我的保守派朋友自我的臉書頁面上消失時，我就開始感到不安了。我的政治立場偏向左派，但我喜歡聽聽保守派的想法，也盡力和其中一些人保持臉友關係。我想要看他們都發什麼文，了解他們的想法，從他們身上學習。但他們的連結從來不會成為我塗鴉牆上的熱門新聞。臉書顯然有計算並注意到我還是比較常點擊進步派朋友分享的連結……所以我完全看不到保守派分享的東西。

此外，《金融時報》（*Financial Times*）的漢娜・庫克勒（Hannah Kuchler）也指出：

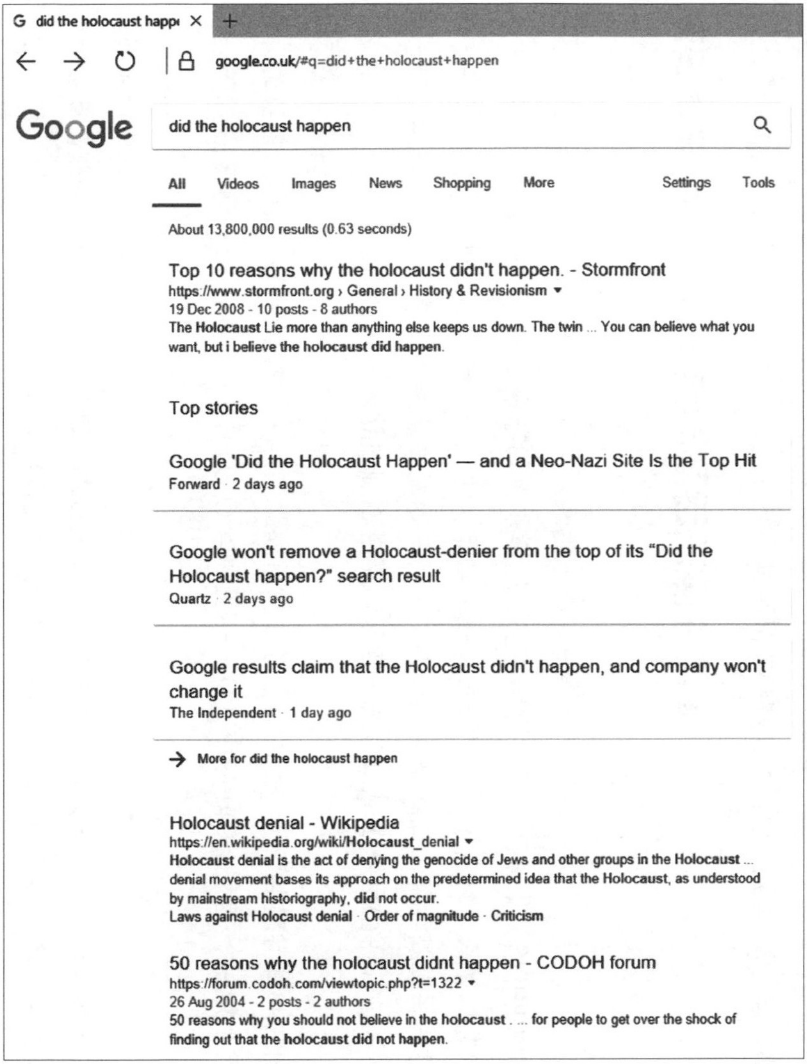


圖二十九：輸入「是否」的搜尋建議（來源：作者的Google搜尋）

臉書一直說他們是科技公司而非媒體公司，他們僱用工程師來寫演算法，鼓勵人們閱讀他們平台上的貼文，而不是像傳統一樣僱用編輯安排平衡、準確的新聞報導。而在右翼評論家指責他們壓制保守派新聞的壓力下，他們今年甚至裁掉了一個負責像編輯一樣進行審查判斷的團隊。

但這樣做的不只是臉書。從二〇〇九年開始，Google也投入了個人化搜尋的懷抱。當你和我搜尋同樣的關鍵字，我們看到的結果絕不會相同，因此我們的意見也不會基於相同的事實。

現在的人要花很多力氣，才能不要活在同溫層理，被自己所熟悉的想法給包圍。此外，搜尋結果的排行也無法反映資訊有多可靠，只能反映有多流行。在我寫這本書的時候，我只要在Google搜尋打上「是否」，搜尋建議就會自動跑出「猶太大屠殺是否發生過？」按下它的建議後，第一個搜尋結果就是新納粹網站「風暴前線」（Stormfront）上的一篇文章〈十個理由告訴你猶太大屠殺不曾發生過〉。

## 後事實世界將造就更加危險的兩極化社會

如果我們對事實沒有共同的認知，要找到能進行建設性討論的共同基礎，就會變得更加困難。如果理性的政治變得更加困難，我們之間的共識就會愈加稀少。在充斥後事實的世界裡，跨越政治分歧的討論將會成為異象，互相攻訐辱罵才是常態。

在這樣的世界上，對立陣營的成員不是意見相左的善意者，而是敵人，甚至是罪犯、次等人、還有邪惡的化身。在二〇一六年總統大選中，川普陣營裡把希拉蕊關進監獄的呼聲一天比一天尖銳刺耳。這個畫面嚇到了很多人（也娛樂了很多人），但這不過是後事實世界自然而然的樣態而已。

脫歐公投結果出爐後，宗教及種族仇恨犯罪也同樣驚人地增加，但對於他者的妖魔化，也只不過是後事實世界的常態而已。

## ◎後事實世界將令極端主義更為猖獗

《牛津字典》裡對後事實的解釋是：「取悅情感或個人信念比提出客觀事實更能夠影響民意」，歷史上希特勒對猶太人的迫害，以及麥卡錫反共宣傳對無辜美國公民的迫害，都實際演繹了這句話。

## ◎後事實政治會在社會上有大型族群被拋棄時蓬勃發展

二〇一六年發生了兩起震撼既有政治的事件：

• 一是英國脫歐公投，
• 二是美國總統大選。

無論要怎麼看兩個案例的結果，不可否認的是大貧困（mass impoverishment）已經造成了一個不滿現狀的龐大階級，他們的投票行為都高度受到後事實政治言論的影響。

## ◎英國脫歐公投顯示後事實主張在社會菁英分裂時格外有力

在英國對脫離歐盟與否進行公投時，許多人都對傳統體制失去了信心。脫歐陣營提出的主張中最有力的，或許是這一段文案：「我們不要每個星期給歐盟三億五千萬英鎊，我們要拿這筆錢充實國民健保。」雖然許多評論都指出，離開歐盟無法讓國民健保每週多出三億五千萬英鎊，但脫歐陣營仍繼續堅持這些宣傳，這讓英國國家統計局（Statistics Authority）認為有必要公開紀錄，駁斥這種說法：

鑑於大眾對歐盟公投辯論的高度興趣，準確使用官方統計，並解釋重要的注意事項及限制，是至關重要的。聯合王國統計局很遺憾必須指出，一直有人暗示我國每週需向歐洲聯盟上繳三億五千萬英鎊，而這筆金額本能用於其他用途……這種不斷在言談中以總值取代淨值的做法，不但誤導了人民，也傷害了官方統計的信用。

但提出這些誤導性主張的不只是脫歐派。多年來關於移民的討論也一直聚焦於對總體經濟的影響，而非對個人的衝擊；他們只關注餅有多大，卻不討論一個人能分到多少餅。其中最典型的便是經濟合作與發展組織（OECD）的說法：

助益或負擔，到底哪邊說的才是真的？要回答這個問題，我們可以看看移民對勞動市場、公庫收入和經濟成長這三個領域的影響：

勞動市場：

- 過去十年間，移民佔了美國四十七％，以及歐洲七十％的勞動力成長。
- 無論在新興或夕陽產業裡，移民都佔有重要地位。
- 年輕一代移民的教育水準和當地人一樣，都高於年居退休者。
- 移民對勞動市場的彈性大有貢獻，這在歐洲特別明顯。

公庫收入：

- 移民繳納的稅金和社會安全提撥都高於他們獲得的福利。
- 勞動移民對公庫的影響最為正面。
- 移民的淨財政貢獻中，就業所得是最大的單一來源。

經濟成長：

- 移民增加了就業年齡人口。

- 移民為接受的國家帶來了勞動技能，增進了人力資本的發展。
- 移民也對科技進步有所貢獻。

這幾點都是實話，但並未完整歸納移民的影響，以致於足以造成誤導。二〇一五年十二月，英格蘭銀行（Bank of England）的史蒂芬・尼克爾（Stephen Nickell）和朱瑪娜・薩勒辛（Jumana Saleheen）發表了一份研究報告，其結論如下：

> 我們發現移民和本地人之間的比率提高，對英國的平均薪資有些許負面影響。這項發現對貨幣政策的制定者相當重要，他們需要知道移民等供應面的衝擊，會對平均薪資和整體通膨率有何影響。我們的研究結果也顯示在移民之中，從事半技術和非技術勞動的族群對工資的影響最大。

換句話說，移民或許對經濟有益，但並不是對經濟體中的每個勞動者都有益，對於從事半技術和非技術勞動的族群尤其如此。

這些族群覺得社會菁英忽略了他們的困境，因此許多人準備用選票徹底翻轉現況。這種否認大貧困議題的傾向，造成了一大群人不再信任菁英、排斥他們的政策；這群人渴望改變，準備投下十年前還看似難以接受的一票。

時任保守黨政府司法大臣，同時也是脫歐陣營著名人物的麥可・戈夫（Michael

Gove）曾被問到，有這麼多國家、機構和重要人物警告脫歐將傷害英國經濟，他為何仍相信脫歐能夠成功？發出這些警告的包括印度、中國、美國、英格蘭銀行、國際貨幣基金（International Monetary Fund）、英國工業聯合會（Confederation of British Industry）、財政研究所（Institute for Fiscal Studies）、國民健保署長和好幾個工會的領袖。戈夫一口氣回答了所有人：「我想我國人民已經……受夠一堆名字長到要縮寫的組織派專家來告訴他們怎麼做最好了。」戈夫也許說對了；公投結果顯示，有一大部分的人已經不再相信社會菁英所說的訊息。

## ◎美國總統大選顯示即便社會菁英團結事實主張也依然有力

川普當選美國總統震驚了許多人，甚至連共和黨人也備受衝擊。這次大選中最令人驚異的一個面向是，儘管主流媒體的事實核查指出川普的種種主張毫無根據、儘管多數主流媒體，甚至一些共和黨高層都支持希拉蕊，川普還是贏得了大選。哈佛尼曼新聞實驗室（Nieman Journalism Laboratory）的主持人喬書亞・班頓（Joshua Benton）指出：

從支持雙方候選人的報章雜誌比例，就可以看出針對川普的負面報導有多廣泛。總共有兩百二十九家日報和一百三十一家週報支持希拉蕊，其中包括了那些過去沒有特別傾向某一黨，以及通常和共和黨候選人站在一起，明顯代表保守意識型態的新聞媒體。

相反地，支持川普的只有九家日報和四家週報。雙方差距高達二十七比一。

儘管缺乏事實做為評估的依據，但我想還是可以合理主張，如果是在二十世紀後半，這種負面報導只要一小部分就足以重創選情，甚至可能讓候選人直接出局。

但顯然，這次決定大選結果的並非傳統主流媒體，而是社群媒體。班頓以路易斯安那的小城雷恩市為例，該市的市長在大選前的四十八小時在臉書上發文：「希拉蕊說川普當選就要發動內戰」、「教宗聖方濟支持川普震驚世界」、「歐巴馬承認出生於肯亞」還有「疑似揭露希拉蕊貪腐的FBI探員身亡」。他強調，教宗支持川普的故事在臉書上被分享了八十六萬八千次，而事實查核網站事諾普（Snopes）的澄清文章，只有大約三萬三千次分享。

美國有一大群人被兩大黨的政策拋棄、遭受主流媒體忽略，這些人的數量比英國更多，他們都準備好用選票推翻絕大多數的預測。但考慮到他們對現狀的絕望，以及他們從同溫層所得到的資訊，會這樣投票其實非常合理。

英格蘭銀行總裁馬克・卡尼（Mark Carney）在描述全球化的影響時這麼評論：

儘管我們有了巨大的進步，許多先進經濟體的公民卻要面對更不確定的前景，他們對生活失去了控制，對體制失去了信任。總體進步的指標，和他們的生活經驗根本沒多少關係。全球化不是新的黃金時期，而是低薪、低就業保障、不穩定、企業無祖國、嚴重不平等的時代。

換句話說，對分到的餅變小的人來說，看到餅變大並沒有什麼意義。

## 社會菁英正在察覺後事實化的危害

最近發生在英美兩國的事，已經在其他國家泛起了漣漪。先前已被脫歐決定嚇過一次的法國駐美大使，用推特回應了美國大選的結果：「在脫歐和這次大選過後，一切都有可能了。世界正在我們眼前崩塌。我頭好痛。」他並不是唯一這麼擔心的人。許多資深政治人物、學術界領袖，甚至也社群媒體網站也對後事實化感到擔憂。

### ◎政治人物的擔憂

美國和歐洲的多數政治人物都逐漸開始擔憂世界傾向後事實化，特別是同溫層讓人們的觀點趨於片面的趨勢。德國總理梅克爾（Angela Merkel）就對搜尋引擎和演算法製造同溫層的現象，表達了她的憂心：

> 我們必須謹慎關切此一發展……媒體產製的各種訊息必須穿過大型網路平台以演算

法打造的細小針眼，才能讓用戶看見……我們對這些演算法一無所知，而這很可能會扭曲我們看事情的觀點，窄化我們所接收的資訊。

二〇一六年總統大選後，歐巴馬總統也對媒體的角色發表了意見：

在這個人們從手機上觀看社群媒體所節選的影音來獲取資訊的時代，如果我們不嚴肅看待事實、分辨真假，不能區分政治宣傳和嚴肅的主張，我們就會有麻煩。

## ◎學術圈的擔憂

劍橋大學最近宣佈將成立一個新的風險與證據交流中心（Centre for Risk and Evidence Communication），由數學系主持。該機構的目標是確保重要議題的相關事實能準確且透明地呈現。該中心的執行委員會主席，溫頓公共風險認知學教授大衛·史匹格哈爾特（David Spiegelhalter）爵士說：

我們不願說：人們已經對專家感到厭倦，「後真相」社會已經無法回頭。然而我們確實得承認，無論大眾、專業人士還是政策制定者，都常受到證據的傳達過程所困擾。我們希望藉著合作，可以改善這種過程，協助人們在充分的資訊中，依據既有的科學證據和個人價值來做出決策。

但說實話，他真的低估了這個任務有多艱鉅。

## ◎社群媒體平台也同樣擔憂

假新聞的流行本身也成了新聞。加丁納．哈里斯（Gardiner Harris）和梅莉莎．艾迪（Melissa Eddy）為《紐約時報》所寫的文章中提到，臉書和Google都宣佈了解決此問題的方針：

隨著愈來愈多人批評假新聞在臉書和Google平台上的氾濫，這兩間公司都在本週表示將針對假新聞網站的線上收益來源制定對策。

同時，Google執行長桑德爾．皮查伊（Sundar Pichai）也承諾要提昇他們所提供的新聞品質：

我認為我們不該花太多時間辯論，而是應該盡力確保新聞來源的可信度、進行更周詳的事實查核，當然還有改善我們的演算法。

愈來愈多科技公司開始感到憂心，甚至付諸行動實在令人欣慰。但要解決根本的問題，仍需要眾人的合作。因為人類天生就有後事實化的傾向，要反轉這個趨勢非常困難。

## 走向後事實化的強烈誘因

後事實化與實事求是之間並不存在清晰的分界，可信度就像光譜一樣有著程度之別。但這也讓社會更容易走向後事實化的那一端，如果有其他力量刻意操作商業和政治媒體，引誘社會走偏的話，後事實化的過程就會更加輕易。除此之外，要在個人層面上扭轉後事實化的過程也十分困難，因為一旦人們習慣了後事實化的思維方式，就很容易拒絕讓證據改變他們的想法。

### ◎可信度的光譜

下面的圖三十將可信度畫成一條光譜，最左邊的是絕對真理，最右邊則是徹底虛假。

事實 → 後事實

| | 絕對真理 | 近似真相 | 誤導性敘事 | 蓄意的不實陳述 | 憑空捏造的謊言 |
|---|---|---|---|---|---|
| **定義** | 毫無疑義且經實驗證實或邏輯推論為真 | 整體上真確且無意誤導，但偶有例外 | 沒有直接的錯誤，但以誤導性的方式陳述事實 | 基於真實事件，但內容不實且蓄意誤導的言論 | 缺乏真實事件為依據，蔑視真相的操縱之舉。 |
| **舉例** | 「世界不是平的」、「不存在整數a和b，a^2/b^2=2」 | 「移民對整體經濟有意但對非技術及半技術勞工略有害處」 | 「移民對勞動市場、公庫收入和經濟成長等三個領域具正面影響」 | 「我們每週要給歐盟三億五千萬，這筆錢本可以用來充實國民健保」 | 「教宗方濟支持川普成為美國總統」 |

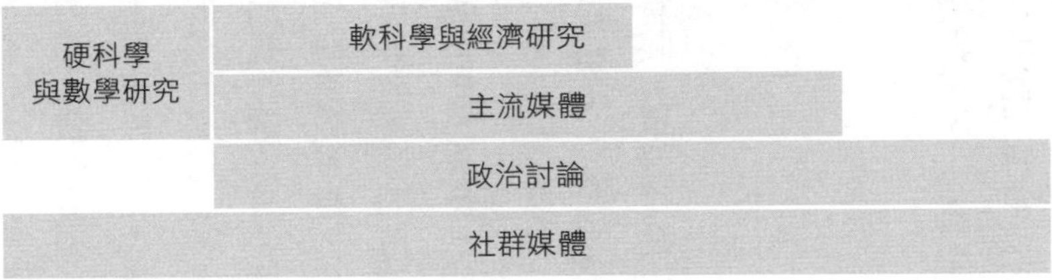


圖三十：可信度光譜

## ◎大眾媒體走向後事實化的商業考量

除了在硬科學和數學的領域，我們很難找到位於光譜最左邊的絕對真理。即便在這些領域，發覺新的真理也需要傑出的能力和大量的努力。

一旦牽涉到人類的行為，即便付出了傑出能力和大量努力，我們最多也只能找出近似真相。而且我們還必須努力排除自己的偏好與成見，才能維持近似真相的可信度。因此近似真相通常很複雜、冰冷、費解，而且修辭沒有什麼力道。

相反地，光譜最右側完全不需要任何研究或查核。它允許人們徹底放任自己的偏好與成見，而且至少對於目標受眾而言，也具有更強的情緒吸引力。簡單來說，這一端的修辭擁有難以比擬的力量。就像葉慈（William Yeats）的詩一樣：最壞的有著激情的狂烈，最好的卻失了人們的信念。

反駁錯誤需要站在光譜左端的人付出努力，擊退大量的錯誤言論。而且就算這麼做，駁斥謊言、澄清事實的吸引力也很有限。單憑這點，大眾或社群媒體就很難成功完成宣傳真相的任務。

## ◎政壇走向後事實化的強烈誘因

光譜右側渲染情緒的能力對政客來說非常誘人。很少人會在投票前仔細分析政策內容和可能的影響，多數人投票的依據都是他們對特定政客或政黨的感覺。就像羅恩・蘇斯金（Ron Suskind）在《紐約時報》上的評論：

長期服務小布希的資深媒體顧問馬克．麥金農（Mark McKinnon）在二〇〇二年向我解釋了這些……他首先挑釁我：「你覺得他是白痴，吭？」我說沒有，我不覺得。「不對，你就是這樣覺得，你們全都這樣覺得。整個西岸、東岸還有曼哈頓南邊那幾個叫做華爾街的街區都這樣覺得。但我告訴你，我們才不管你們怎麼想。要知道，美國內陸的人口是你們的兩倍，這些認真工作的老百姓才不讀什麼《紐約時報》、《華盛頓郵報》（*Washington Post*）或《洛杉磯時報》（*L.A. Times*）。你們知道他們愛總統哪裡嗎？他們愛的是他走路跟指指點點的姿勢，還有他流露自信的方式。他們相信他。每當你們攻擊他的失言、攻擊他的語無倫次，都是在幫我們。因為你們知道老百姓最討厭什麼嗎？他們最討厭的就是你們這種人！」在這個例子裡，所謂「你們這種人」，指的當然是所有在乎事實和真相的人。

對政治人物來說，講究事實沒什麼好處，因為事實查核不會向他們追究責任；脫歐陣營和川普陣營對查核者的批評不屑一顧，正顯示了實事求是的確沒什麼利益，反而會嚴重妨礙他們跟大部分的人締結認同。漂亮的作秀和博取選民認同，遠比努力講究真確來得更有用。

## 後事實化難以扭轉

此外，在個人的層面上，要扭轉後事實化也不容易。因為很弔詭的是，如果一個人的信念違反事實，接觸事實通常無法改變他的觀點，反而會強化他的信念。換句話說，舉出事實通常會適得其反。密西根大學的布蘭登·尼罕（Brendan Nyhan）和喬治亞州立大學的傑森·萊富勒（Jason Reifler）研究發現：

在二〇〇五年秋天和二〇〇六年春天進行的四個實驗裡，代表各種意識形態的次族群在他們的預設立場被相反資訊糾正時，都無法更新信念。我們還發現在各個案例中，愈堅定的受試者在遭到糾正時，愈容易強化錯誤的認知。

也就是說，事實查核對已經後事實化的人幾乎沒有什麼影響力。我們的世界尚未完全後事實化，也還沒有變得難以知悉事實。但我們進行政治討論，還有媒體報導這些討論的方式，都正傾向，或是已經走向後事實化了。許多選民，甚至是政策制定者的眼球裡都充斥著後事實化的真相，結果就是許多重要的政治和經濟決策都無法建立在事實的地基上。

第九章

# 迷思和比喻

科學必然始於迷思以及批判迷思。

——卡爾・波普（Karl Popper）

本章將討論毫無根據的迷思和比喻如何限制我們對經濟的想像。我們一旦內化這些思維，就很容易混淆現實、難以評估甚至看不見還有其他選擇。而且老實說，這些迷思和比喻多半已經根深柢固，即便只是想想它們有可能錯誤，也會嚇到很多人。

## 生活處處是迷思，我們卻當作事實

有些經濟主張太過頻繁出現在我們的周遭，讓人以為它一定反映了現實，並當成進行經濟判斷的根據。可惜這些說法裡，有很多都沒有事實依據。

其中最常見的說法有七個：

- 私部門永遠比政府更有效率；
- 美國充滿機會；
- 只有私部門可以創造就業；
- 錢不會無中生有；
- 政府應遵循與家庭及企業相同的經濟原則；
- 薪資下降代表一個人缺乏正確的技能；
- 資源就是不夠分配（稀缺性的迷思）。

這些迷思流傳得太廣，人們很難去懷疑它們有什麼問題，要舉出事實來挑戰反而需要不少智性勇氣（intellectual courage）。

## ◎迷思一：私部門永遠比政府更有效率

大型政府部門常被批評官僚主義、遲緩顢頇，處處缺乏效率。這也許沒錯，因為絕大多數的大型組織都非常官僚、顢頇，效率也都不太好。拿英國的國民健保署來說，人們就經常批評他們缺乏效率，而他們也一直在努力跟上時代、提昇效率。他們確實需要持續修正和改進，但如果說國民健保署比其他大型醫療體系，特別是比起美國那種完全交由私部門負責的醫療系統更沒效率，那就大錯特錯了。

經濟合作與發展組織蒐集了許多國家的人均醫療支出數據，比較出生預期壽命等醫療成果。比較結果顯示，日本擁有世界上效率最好的醫療系統，每個人只要付出大約五千美金，就能享有非常好的醫療成果。多數已開發國家的人民，都能以每人四千至六千美元的成本，獲得良好到非常好的醫療成果。英國的每個人大約需要花費四千美元，但美國的每個人卻要花上一萬美元，才能達到較差的成果。

其他比較也呈現了相似的結果：國民健保署的表現無論如何都尚稱合理，有時還非常優秀，美國體系的表現卻總是非常糟糕。這不代表公部門一定或通常比私部門有效率，但仍然有效證明即使在醫療這樣重要的大型產業部門，公部門仍可以比私部門更有效率。換句話說，私部門也不見得會比政府更有效率。

## ◎迷思二：美國充滿機會

詹姆斯．楚斯洛．亞當斯（James Truslow Adams）在他的著作《美國史詩》（*The Epic of America*）中為美國夢下了定義：

> ……我們夢想一片理想的土地，住在那裡的人凡是有能力做出成績，都有機會獲得更好、更富有、更充實的生活。歐洲的上流社會很難完全理解美國夢，我們多數人都厭倦了，再也不相信這種夢想。美國夢不只是汽車焊膏工資；美國夢是一種社會秩序，每一個男男女女無論出身條件，都可以憑天賦的能力，掙得地位與他人的肯定。

這種唯才是論、由天賦而非出身決定成就地位的社會願景，能夠給人們強大的動力。一直以來，這份翻轉階級的承諾都是人們紛紛移民美國的原因之一，政治人物也一直主張這是美利堅合眾國最強悍的力量。然而下表中是一些經濟合作與發展組織會員國中，有關向上流動（upward mobility）的實情。

這些國家中收入流動率（earnings mobility）最低的是英國。換句話說，英國父母對子女收入的影響，比其他國家都還要大。流對率最高的則是丹麥、奧地利、挪威和芬蘭。加拿大和這些高流動率的國家也相去不遠，但美國的流動率只比英國好一點點。

美國夢仍不斷成真，只不過變成是在丹麥成真。

| | 收入流動性 |
|---|---|
| 丹麥 | 85% |
| 奧地利 | 84% |
| 挪威 | 83% |
| 芬蘭 | 82% |
| 加拿大 | 81% |
| 瑞典 | 73% |
| 德國 | 68% |
| 西班牙 | 68% |
| 法國 | 59% |
| 美國 | 53% |
| 義大利 | 52% |
| 英國 | 50% |

圖三十一：各國的向上流動（來源：OECD）

## ◎迷思三：只有私部門可以創造就業

很多人相信「政府無法創造就業」。雖然沒有人會否認公部門職務確實存在，但相信這句話的人一般都主張，這些職務不算什麼恰當的工作，不然就是認為公部門每創造一份就業，私部門就會流失超過一份的工作。

第一種主張認為，只有市場能決定什麼是恰當的工作。保守派經濟學家科文的看法就是一例：

> 在政府、醫療和教育體系工作的人不用擔心國際競爭和工作外包。這些非競爭性部門的保障對多數人來說都很好，但這也代表在美國從事這些新工作的人，不需要面對正常的市場競爭。我們大部分的就業成長都來自這些低責任的部門。這些人生產東西或提供服務可以拿到薪水，但我們卻不知道他們的產品有多少價值。因為這些產品的價值高低並未經歷市場的考驗。就算這些勞工目前的產品或服務都很有價值，對於我們要提昇未來生產力來說仍不是什麼好事。

這段話暗示，除非一份工作的價值日復一日受到市場考驗，不然就不算是恰當的工作。他特別提到了公務員、醫師、護理師和教師等工作，暗示這些人的價值都沒有真正受過市場的每日考驗，因此我們應該質疑他們是否有為社會貢獻價值。

相反地，雖然他沒有明言，但那些將次級房貸包裝成商品，巧妙說服信用評等機構將這些商品評為3A等級以便賣給退休基金的銀行從業人員，才是通過市場每日考驗的人。同樣地，能在政府漸趨嚴格的管制下找到新方法行銷菸草產品和色情產品的人，也通過了市場的每日考驗。也許你會覺得比起貪婪的金融家、菸草行銷人員和色情出版商，教師、醫師、護理師、消防員和警員對社會的貢獻更大。但那些掌握現代經濟深奧考驗標準的人，才知道怎麼做最好。

第二種主張比較隱晦，但也更講道理。這些人同意政府可以創造有價值的工作，但仍相信不該這麼做，因為這樣的話私部門就會淪為填充的角色。有種說法是無論直接或間接，政府支出都會「排擠」私部門支出，這個主張正是具體的例子。直接排擠的例子包括，無論某人進入公務體系會有多大利益，仍會讓私部門就無法僱用他從事其他工作。在完全就業的時期，這種排擠可能會相當常見。但在大量失業或就業不足的時候，這種事不太可能發生。

間接排擠（有時也叫做李嘉圖等價命題，Ricardian equivalence）則是指個人或企業觀察到政府提高支出提高（且必然導致就業增加）時，就會推論政府遲早將拉高稅金來回收這些支出。因此他們會減少支出預作準備。

國際貨幣基金的首席經濟學家奧利維耶・布朗夏爾（Olivier Blanchard）在二〇一三年和丹尼爾・雷伊（Daniel Leigh）合作的報告中，就將此視為重大問題。他們研究了撙節和經濟成長預測之間的關係，最重要的發現和「財政乘數」（fiscal multiplier）有關。（財政乘數決定了政府支出變化對國內生產毛額的影響。如果乘數為一・一，每投入一元的公共支出，GDP就會上升一・一元。相反地，公共支出每減少一元，就會讓國內生產毛額下降一・一元。）乘數小於〇時，公部門撙節才會像間接排擠的主張一樣，導致私部門大幅增加支出。如果乘數介於〇和一之間，私部門的支出雖能彌補部分公部門支出的減少，但整體而言還是會造成負面影響。如果乘數超過一，減少公部門支出則會嚴重打壓私部門的支出。

國際貨幣基金檢視了大量該領域的研究後得出了結論：在衰退期間，特別是利率接近〇的時候，財政乘數都大於一。換句話說，實情和李嘉圖等價命題正好相反——增加公佈門支出其實能夠活絡私部門，撙節反會造成傷害。

這個證據清楚顯示了，至少在經濟衰退的時候，直接和間接的排擠效應都只是迷思。政府有能力創造就業。

## ◎迷思四：錢不會無中生有

二〇一三年，英國首相大衛・卡麥隆（David Cameron）否決了商業大臣文斯・凱布爾（Vince Cable）的建議，拒絕增加政府支出來推動英國困頓的經濟。他的理由是「我們可沒有搖錢樹」。

當然，從字面上來看卡麥隆也沒講錯，的確沒有哪棵樹可以長出錢來。不過假設他只是比喻的話，應該是想說錢沒辦法無中生有，但這句話並不符合他當時面對的經濟現實。

首先最明顯的是，英格蘭銀行有權憑空創造貨幣（create money），而且還真的以所謂量化寬鬆（quantitative easing）的方式，創造了多達三億七千五百萬英鎊之譜，足足是國民健保署預算的四倍。英格蘭銀行解釋：

> 二〇〇九年三月，英格蘭銀行貨幣政策委員會（Monetary Policy Committee）首先採取了量化寬鬆策略……以電子手段創造更多金錢，從退休基金和保險公司等私人投資者手中收購國債。

也就是說，英格蘭銀行絕對有權力讓錢無中生有，也確實動用過這份權力來達成通膨率目標（inflation target）。實際上，二〇〇九年金融海嘯過後，擔任英格蘭銀行總裁的默文・金（Mervyn King）就說：

> 銀行業獲得的支持規模大到令人咋舌。他們從直接或擔保貸款，還有股權投資等管道所獲得的資金，總共超過一兆英鎊，將近全英國年產值的三分之二。
>
> 借用邱吉爾戰時演講的話來說，在金融產業的戰場上，從來沒有這麼少銀行虧欠這麼多英國人民這麼多錢。

只要英格蘭銀行打算挽救銀行體系，他們就可以輕易、快速地創造出一兆英鎊。然而每個政黨的政客都再三保證，國家沒有錢可以分給醫院和防洪措施。而且政府和中央銀行的這一套，只不過是憑空創造金錢的方法裡最直接好懂的一種。另一種更複雜也更重要的，是私人銀行創造金錢的方式。

英格蘭銀行貨幣分析處（Monetary Analysis Directorate）的麥可・麥克萊（Michael McLeay）、阿瑪・瑞迪亞（Amar Radia）和雷蘭・托馬斯（Ryland Thomas）解釋，在英國這種使用法定通貨的國家裡，金錢是如何創造出來的：

> 在現代經濟體系中，多數的錢都是以銀行存款的形式存在。但人們常常誤解這些銀行存款的來源：它們主要是來自商業銀行的放貸。銀行放貸的同時，借貸方的銀行帳戶裡就會出現一筆對應的存款，也就是一筆新的金錢。

他們在這份報告中指出，九十七%的金錢都是以銀行存款的形式流通，這些錢都是來自商業銀行對家庭和公司的貸款，以貨幣形式存在的只有三%。在這九十七%的金錢裡，多數都和英格蘭銀行所解釋的一樣，是由銀行自行創造的。

因此，錢不會憑空出現的這種想法，不但在技術上是錯的，也和現代經濟的日常現實並不相符。當然，雖然金錢可以憑空創造，而且英國和美國在必要時也都會這麼做來刺激經濟，但並不表示這隨時都是正確的政策。金錢創造到一定程度，通貨膨脹就會變成問題，所以無限制地創造金錢並非萬靈丹。但由英國政府高層說出錢不能無中生有，所以撙節是嚴重衰退時的唯一方案，就顯得貽笑大方了。

## ◎迷思五：政府應遵循和家庭及企業相同的經濟原則

梅克爾最有名的，就是以每個德國施瓦本家庭主婦都知道的觀念為基礎，來決定如何制定大型國際銀行的運作方針或是歐元區的經濟政策。許多政治人物為了方便說明，也會用家庭經濟來類比國家經濟。然而，這種比喻雖然易懂（要找理由砍預算的時候尤其方便），卻嫌不夠精準。

國家政府和家庭或企業之間有很多差異，而且有些差異非常根本。首先就是，至少對英美這些國內有中央銀行的國家來說，政府可以在需要的時候憑空製造金錢。但家庭和企業沒辦法這麼做。如果自家地下室就有印鈔機的話，施瓦本的家庭主婦大概也會用不一樣的方式來管理家計。

第二點則是，家計上常見的經驗法則，未必適用於全國層級。比如說，人們平常應該量體裁衣、量入為出，也就是說當景氣不好的時候，應該要縮減開支和減少貸款。但國家或全球的經濟要比家庭財務來得複雜許多。

簡化來說，任何金融交易都有出入雙方，而雙方的額度會互相抵銷。如果我給你一百元，那你就多了一百元，我則會少一百元，兩邊加起來正等於〇。一個人的支出就是另一個人的收入，反之亦然。

從管理家庭財務的角度來看，縮減開支是有效合理的策略。家庭並不需要承受外人因此收入減少的後果。但如果社會全體決定「縮減開支」，乍聽之下或許合理，實際上卻會導致整體收入縮減，讓全體蒙受損失——當然，這種政策不免會產生一些贏家和輸家。

對整體社會來說，唯一能提高收入的方法，就是提高支出。就像經濟學家說的一樣，「每個人的支出都是另一個人的收入」。因為所有經濟活動說穿了，都只是一連串的金融交易，每一筆交易的雙方加起來都是〇。所以如果考慮交易雙方的話，任何經濟體系內的經濟活動總額，加起來都會是〇。

我們可以把國家的經濟想成三大部門，分別是國內的公部門和私部門，還有代表全球貿易的國外部門。三個部門所有的經濟活動的總額必然等於〇。不過，雖然總額為〇，個別部門仍有可能呈現正值或負值，也就是虧損或盈餘。

盈餘代表該部門的支出比收入少，並用差額增加存款或償還債務。虧損則表示該部門的支出多於收入，侵蝕了他們的存款，或是借了更多錢（假設已經有債務的話）。因此舉例來說，如果公部門虧損（支出超過稅收，造成預算赤字），而國外部門有所盈餘（進口大於出口），私部門就有可能虧損也可能盈餘，端看另外兩個部門的赤字大小，只是三方的餘額（balance）總和必定為〇。

通常我們會從國內經濟的角度來看國外部門。所以就我們國內的角度來看，國外部門的盈餘算是貿易虧損。由於三方的盈虧必然為○，如果政府有所盈餘，而對外貿易虧損（代表外國部門盈餘），那私部門就會虧損。

下圖中美國經濟的歷史數據可以證實這個說明。（請記得每一年三方的總餘額都須為○。）圖中的私部門和公部門都有幾年呈現盈餘，也有幾年呈現虧損。經常收支餘額（代表對外貿易）也有幾年盈餘，幾年虧損。而從來沒有，也不可能發生的，是公司部門都盈餘，而經常收支卻虧損。

我們可以看見，私部門通常都有盈餘，而公部門通常都虧損，這

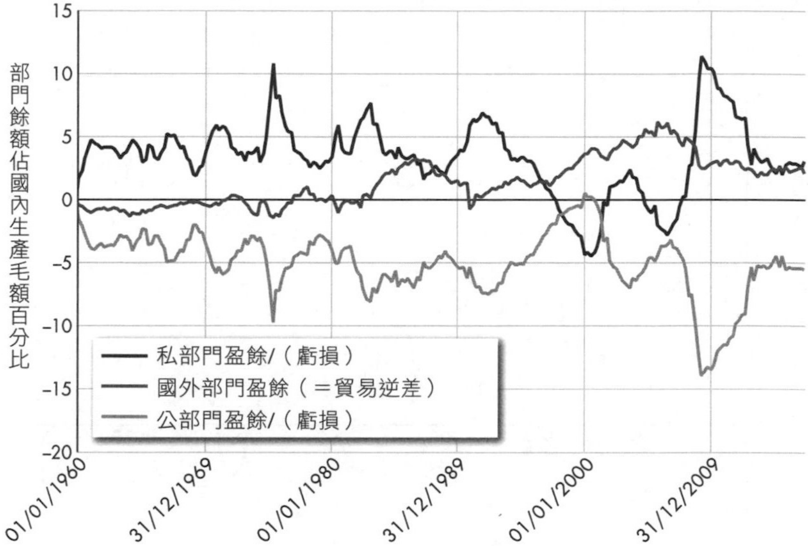


圖三十二：美國至今的各部門餘額（來源：FRED）

兩個部門大致上是彼此的鏡像。最近幾年美國都在承受貿易逆差，這代表外國部門在美國有所盈餘。而三個部門的總和都是○。

英國經濟的狀況也同樣如此。

全球經濟不存在對外貿易的成份，因為我們沒有跟其他星球做生意。所以，如果私部門和公部門相加等於○，兩者必定要互相平衡。要是我們像施瓦本的家庭主婦一樣精明地經營私部門，讓他們總能有所盈餘，公部門就一定會虧損。

就英美的國家經濟來說，長期的貿易逆差代表公部門若要維持盈餘，私部門就會持續虧損。然而，政客和經濟政策制定者仍然到處宣傳這種迷思，告訴大眾國家應該照家計的原則來管理財政。家庭只能賺多少花多少，因此即便不利於建立永續的經濟，政府的政策也應該避免預算赤

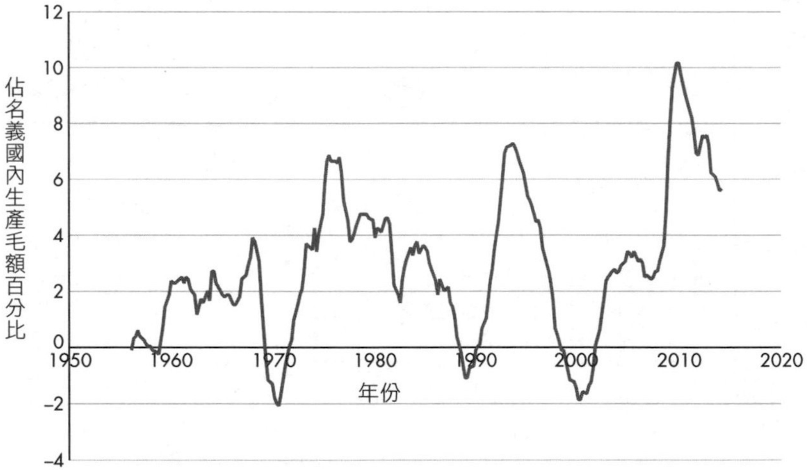


圖三十三：英國政府貸款歷史（來源：ONS）

字，以預算盈餘為目標。

如果英美等國家的政府以施瓦本家庭主婦的原則來訂定政策，就會造成私部門持續虧損，而虧損的結果將會由這些主婦來承擔。因此，政府盈餘相當少見，而且通常不久過後經濟都會停滯或是衰退。從下圖可以看出，這就是戰後英國的現實——一九七五、一九八〇和一九九〇都發生了衰退，二〇〇〇年的網路泡沫（dot.com bubble）破裂也造成了嚴重的停滯。

在上圖的兩百三十四個季度中，政府有兩百個季度都在借錢（也就是百分之八十五的時間）。佘契爾執政的四十六季裡，政府也有三十九個負債季度（同樣佔百分之八十五）。也就是說，政府借貸並沒有什麼大不了的，反而是常態。而且政府完全有理由這麼做，因為一旦政府長期盈餘，除非貿易同樣呈現順差，不然私部門就必定虧損。施瓦本家庭主婦的那一套完全不適合用來管理經濟。

## ◎迷思六：你需要正確的技能

瑪德琳・班奈特（Madeline Bennett）在《每日電信報》（*Daily Telegraph*）上發表了一篇文章討論英國的理工（Science, Technology, Engineering and Mathematics，合稱STEM）人才不足，她宣稱「眾所皆知英國正面臨科技人才短缺」。這個說法一再被人提起，幾乎成了眾所皆知的常識，而且也很容易讓人信以為真。

美國顯然也有一樣的問題：

美國人應該要清楚，我們的經濟需要更多懂得高階理工知識的勞工。在之前的衰退時期，高技術理工專業人士的不足有所和緩，但從任何常見標準來看，這個問題顯然又再次出現了。

但讓我們稍加檢視一下事實。如果理工人才短缺的問題真的這麼嚴重，照理說應該會反映在他們的工資上。即便侍者和酒吧服務生的工資可能會下跌，但科學家、資通訊專家和工程師的薪水應該會正常上升才對。但實際上我們並沒有看到這種趨勢。我們看到的是理工人才的薪水雖然下跌得比酒吧服務生慢，但的確是在下跌。

擁有「正確」的技能當然比沒有來得好，但仍然無法抵禦大規模貧困的威脅。

## ◎迷思七：資源稀缺的迷思

一天到晚聽別人在說資源有多稀缺，我們都快忘了整個社會一直在變得更富有。如果像我們在第〇章看到的一樣，用國內生產毛額來衡量每年整個社會所創造和可消費的商品和服務價值。並以人均國內生產毛額來衡量「餅的大小」，也就是每個人可消費到的量。雖然我們一直聽別人說政府應該削減開支，還有人們一年比一年更窮，但實際上這塊餅一直在變大（圖十五）。無論美國還是英國，餅都幾乎是一九八〇年的兩倍大。雖然這兩國的經濟都遭到金融海嘯重創，但如今已經恢復過來，而且平均來看，每個人也都比過去更加富有。

財富並不稀缺。只是大多數人都看不到錢在哪裡。但如果我們用一九八〇年的方法來分這塊餅，多數人分到的餅就算考慮到通貨膨脹，也會比當時來得大兩倍。稀缺性的迷思根本是後事實宣傳的一大傑作，讓我們覺得政府應該持續不斷縮減開支，以免我們看到經濟不正義，以及大規模貧困其實可以避免。

我們探討了經濟的七大迷思。這七個概念常被說得像不證自明的道理，尤其是政客特別愛這麼說。但實際上，數據告訴我們這些都是不攻自破的謊話。這些迷思一直對政策，以及數以千萬計的人民造成嚴重傷害。

## 被字面解讀的比喻

除了以上迷思，我們也常用一些照字面理解簡直毫無道理的話來描述現實。然而對這些比喻耳熟能誦可能代表，我們並不只是把這些話當成比喻。在潛意識裡，我們都覺得這些話在描述現實，或著至少描述了某種對未來現實的期望。

其中有三個常見的比喻格外有效地形塑造了我們的思想，這三個分別是市場力量看不見的手、自由市場和經濟定律（economic law）。

## ◎比喻一：市場力量看不見的手

亞當斯密（Adam Smith）在《國富論》（*An Enquiry into the Nature and Causes of the Wealth of Nations*）中提出了市場力量那雙看不見的手。這個常被引用的段落是這麼寫的：

> 因此，每個人將盡其所能動用資本來支持國內產業，並以能產出最大價值的方式來管理產業的生產；每個人都必定會盡力讓社會的年收入最大化。實際上，他們通常沒有打算要，也不知道自己增進了多少公共利益。他們優先支持國內而非國外產業時，考慮的只是自己的安全；而他們以能讓生產達到最大價值的方式管理產業時，考慮的也只是自己的利益。在這些時候，他們就像在其他許多時候一樣，都是受到一隻看不見的手引導，去實現原本不在他意圖內的目的。不參與社會未必會讓社會更糟。他們追求自身利益的時候，反而常常比刻意追求更能有效地促進社會利益。

市場力量看不見的手當然只是一種比喻，就連亞當斯密學會（Adam Smith Society）的會員都不相信真的有一雙「看不見的手」在指引我們的經濟。不過問題在於，這句話人人已熟爛於耳，而且不假思索地當成真理，他們以為經濟活動真的像有隻看不見的手在指引一樣，每一筆交易都會以結果最好的方式發生。

具體來說，亞當斯密本段最後一句話的意思是，比直接為社會追求好處，人們為自己追求利益時反而能為社會帶來更多的好處。對於把自身利益置於社會利益之上的人，這句話非常方便好用。他們不但能靠這句話擺脫罪惡感，還能辯稱自己的行為有極大的價值。

追求自身利益通常也對社會公益有很大好處，拿計劃生產電動車獲利的汽車製造商來說，他們同時也對大幅降低空氣污染的傷害有所貢獻。但如果他們偽造引擎管理軟體的數據來欺騙排氣測試，就一點貢獻都沒有了。

就跟接下來對自由市場的討論一樣，追求自身利益常常對整個社會造成巨大傷害。有一隻全能的看不見的手在實現公益，這樣的想法非常吸引人。但現實是我們需要一隻真正看得見的手，才有辦法促進整個社會的利益。

## ◎比喻二：自由市場

自由市場也不是一個理所當然的比喻。通常我們說出這個詞的時候，我們認為自己是在描述一種可能的、確實能夠實現的現實。但劍橋大學的經濟學家張夏準（Ha-Joon Chang）指出，自由市場並不存在：「每個市場都有限制選擇自由的規定和界線。」

要是我們對自由市場這個概念照單全收，就會出現很多問題。如果在一個市場裡頭，公司完全不受政府干涉、做任何肢體暴力以外的事來提高利潤都無所謂，後果一定形同災難。銀行可以把不當的產品和服務賣給顧客、進行內線交易、操縱指數、減少資本緩衝（capital buffer）、並讓世界經濟面臨另一場全球金融危機——所有證據都顯示這幾年以來，他們已經在充分利用這種自由了。萬一沒有法令阻止，大型工業廠商將不受限制地製造污染。藥廠會像過去一樣恣意廣告他們的產品、不經昂貴耗時的臨床測試就能發售新藥。菸草公司也能自由對兒童廣告和銷售產品，而且他們絕對會這麼做。

不過很多人在講到「自由市場」的好處時，指的並不是這麼字面上的「自由」。很少有人會願意讓菸草公司自由在托兒所使用他們精緻的行銷技術，而且幾乎每個人也都接受銀行監管有其必要，對其他產業的限制也是同樣的道理。因此人們在說到自由市場的時候，期待的其實是一個正派的競爭市場。但正派的競爭市場需要有效的管制。這些用詞的混淆，特別是「自由」指的只是有效的監管這點，很容易就會混淆人們的思想，導致糟糕的政策和方向錯誤的立法。

英國制定政策的高層就體現了這種混淆。比如說首相德蕾莎・梅伊（Theresa May）就提到過：「在正確規範及監管下運作的自由市場經濟」。這個說法就相當矛盾。但她想說的應該是「管制恰當且有效的混合式經濟」或「正派的競爭市場」。但這些和自由市場經濟都大不相同。

## ◎比喻三：經濟定律

經濟學有時會說自己是一種分配稀缺資源的科學。為了成為一種科學，經濟學用了一些定律來武裝自己。

其他的科學領域存在著許多定律。數學裡的二次互反性定律（Law of Quadratic Reciprocity）經過了嚴格的證明，不可能找到任何例外。在物理學領域，以前的人們都不知道牛頓定律存在例外，直到十九世紀末才發現當速度逼近光速，現實就會開始偏離牛頓的假設。後來愛因斯坦的廣義和狹義相對論又對現實提出了更精準的描述。就算如此，牛頓定律至今在一般用途上也足夠精準。對重要的是，科學家很清楚哪些情境需要使用哪些定律。

但經濟學的「定律」卻處處都是例外。在某些情境裡，例外甚至比「定律」成立的狀況還多。在其他科學領域，這些經濟「定律」完全無法被稱作定律，而是屬於被證偽（disproven）的理論或被拋棄的假說。但在經濟學領域，這種東西卻可以稱做定律。

這對思考經濟政策相當不利。如果我照某個經濟「定律」提出政策，我會期望政策產生顯著的效果。而如果我提出的政策違反了某個經濟「定律」，我就會認為該政策是個錯誤判斷。然而，「定律」只不過是一種比喻，和現實毫無關係，這些對政策的結論也毫不正確。有一個小實驗可以證明經濟定律不可靠，這個實驗測試了薩伊（Say's Law）、邊際生產力（Law of Marginal Productivity）和奧肯（Okun's Law）三個經濟定律。

薩伊定律以法國經濟學家尚—巴布迪斯特・薩伊（Jean-Baptiste Say）為名，宣稱生產會產生對其本身的需求。該理論來自有關經濟的理論推論。薩伊認為生產者創造產品的目的就是銷售，生產的唯一動機就是消費的欲望（而不是還債之類的）。同樣地，勞動者和供應商也是為了賺取消費所需的金錢才會工作。換句話說，勞工的工資、供應商和生產者的利潤，都是為了消費而存在的。雖然企業有時可能做出錯誤決策，個別產品也可能會找不到買家，但所有商品的總值無論如何都是可負擔的。薩伊由此推論，普遍性過剩（**general glut**），也就是供過於求的狀況是不可能發生的；或著換句話說，需求低於生產力也不會發生。

但實際上，普遍性過剩是衰退時期的普遍現象，一旦許多部門長期未能充分利用生產資源，生產量就會超過購買意願。其症狀包括持續性非自願失業和工廠閒置（或是無法發揮產能）。最明顯的就是在普遍性過剩的時期，生產量會從先前維持的水準跌落。也就是說，國內生產毛額會下降。當然，我們知道實務上國內生產毛額有時的確會下降；老實說，金融海嘯就讓世界各國的國內生產毛額都下降了，而我們現在仍在承受那場衝擊的餘波。根據薩伊定律，由於問題不可能在於需求面（即源於需求不足），那一定在於供應面，也就是生產力受到了衝擊。

然而，金融海嘯發生時，受到強烈衝擊而減少的其實是需求：私部門因「信用緊縮」（credit crunch）紛紛選擇還債而非消費，但我們卻找不到供應面曾發生過什麼足以導致全球衰退的嚴重衝擊。換句話說，薩伊定律和這種實際上會產生金融海嘯的經濟並不相符，它並非現實世界的定律。

另一個經濟「定律」是邊際生產率定律，它被用來解釋收入的分配。根據經濟學家約翰・貝茨・克拉克（John Bates Clark）的話，該理論主張：

> 如果不受影響的話，社會中的收入分配將受到一種自然律（natural law）所支配，每個生產要素將獲得該要素所創造的財富（added value，附加價值）。

如果這是真的這就太棒了。社會的每個成員都將依據他們的貢獻獲得報酬。但這個理論的問題在於「附加價值」的定義；附加價值聽起來像是在描述對社會的貢獻，但其實它的意思更接近議價能力。本章前面舉了消防員、教師、醫師和護理師當作例子，這些人對社會的價值可能會低於貪婪的金融家、菸草行銷人員和色情出版商。因為他們的議價能力就是比較低。

貝瑞・納布列夫（Barry Nalebuff）和亞當・布蘭登伯格（Adam Brandenburger）在一本將賽局理論套用進真實世界的迷人著作中，解釋了「附加價值」這個詞在經濟學裡，和在一般人的理解中有多大的差異。他們描述了亞當和二十六名哈佛商學院ＭＢＡ學生之間的一場賽局。亞當手上有二十六張黑色撲克牌，學生則每人各有一張紅色撲克牌。商學院院長出了一筆錢，只要將紅色和黑色湊成一對就能獲得一百美元。在遊戲中，亞當和學生可以一對一談判來湊對。

所有談判都是對等的：學生和亞當需要彼此，因此最有可能達成的結果是平分一百美金。但耶魯管理學院的貝瑞重現此遊戲時，他故意拿掉了三張黑牌，因此兩邊就不再對等了：每個學生都需要貝瑞，但貝瑞不需要所有的學生。有三個學生最後將一無所獲，因此沒有跟貝瑞達成協議的話就虧大了。學生如果拒絕貝瑞，就有成為最後三名的風險，因此所有學生的議價能力都非常低，基本上只能讓貝瑞予取予求。

玩了好幾次這個遊戲以後，亞當和貝瑞發現在第一個遊戲裡，每個學生可以預期獲得五十美元，而到了第二個遊戲，他們運氣再好也就是拿到二十美元。這是因為從經濟學家給「附加價值」這個詞的技術意義上來說，學生們在第二個遊戲裡的附加價值已經掉到〇了。

從我們的常識來看，貝瑞把餅變小，他對社會的作為應該是負面的。我們會期待他的報酬減少，甚至不該拿到報酬。但從經濟學「附加價值」的角度來看，貝瑞掌握了百分之百的附加價值，因此他的報酬才會戲劇性增長。

也就是說，如果這是真的，那麼邊際生產率定律幾乎只有在技術性的意義上才是對的，跟人們的正常認知，也就是社會貢獻愈大，市場力量的回報愈高，可說是完全相反。明白這點以後我們就知道，以「功勳主義」（meritocracy）來肯定收入和財富的巨大差異，是完全站不住腳的。

最後，我們來看看奧肯定律。這個理論宣稱，經濟體中失業率的變化和真實的國內生產毛額呈正比。雖然奧肯定律是來自統計結果，因此具有某種程度的現實基礎，但從長期來看仍不是很穩固的理論。堪薩斯城聯邦儲備銀行（Federal Reserve Bank of Kansas City）的愛德華．諾鐵克二世（Edward Knotek II）檢驗數據以後發現：

奧肯定律並非穩定的關係式，因為隨著時間推移和景氣循環，其參數相當多變。而且其關係也並不總是可靠，在季度資料中尤其如此。

但雖然不夠穩定，奧肯定律也沒有被改叫做奧肯猜想或是奧肯捷思（heuristic），儘管比起繼續把它當成經濟定律，這樣更能準確描述它的地位。

經濟學一直努力成為一門科學，因此提出了好幾種「定律」；如果它們真的是定律，將會深深影響我們的社會，對政策制定者也會有重大的意義。可惜的是，很多所謂的定律要嘛沒有現實基礎，要嘛說的和想的根本是兩回事。無論從物理還是數學的角度來看，他們都不算是定律，頂多只能說是某種比喻。

第十章

# 悖離事實的經濟模型

所有模型都是錯的，但有的還是可以派上用場。

——喬治．愛德華．佩勒姆．博克斯（George Edward Pelham Box）

本章節將會討論經濟模型，尤其是那些嘗試解釋和預測整個經濟體行為的總體經濟學模型，以及這些模型通常犯了什麼錯。首先我會大略討論何謂模型，以及好模型該具備的條件，接著探討幾個常用來預測經濟的模型有何缺點，並提出一些比較實在的替代方法——不過要真正準確預測向來都不容易。

## 模型與地圖都必須符合設計目標

我們小時候都玩過模型、娃娃、可動人偶、玩具戰艦和太空船。如果遊戲好玩，我們甚至會忘記自己只是在玩模型。長大以後我們做的事情還是一樣，只不過換成了用概念模型來觀看世界，協助我們從世界的複雜動態中理出頭緒。如果模型確實有用，我們就很容易忘記其中的誤區，甚至把模型當作是現實。

概念模型有各種不同的款式和尺寸。它們可能像物理學家用來解析宇宙的廣義相對論和量子力學一樣，包含非常複雜的數學計算，也可能像政治人物用來理解經濟的模型一樣簡單（「就像經營街角的商店一樣」）。複雜、繁瑣的數學計算並不會讓模型比較好，但簡單直觀的描述也未必可以辦到。

要討論什麼是好的模型，或許可以從地圖這種特定的模型開始思考。地圖有用不只是因為上面包含了什麼，更重要的是上面排除了什麼——包羅萬象的地圖至少得是一比一大小，這樣實際用起來會非常不方便。而另一方面，如果是要規劃下午散步去某間鄉村酒吧的行程，高速公路路線圖就一點用都沒有，因為上面根本沒有任何相關細節。

倫敦地鐵地圖應該是全世界上最有用的地圖之一了，而它甚至沒有按照比例繪製。這份描繪城市地鐵網路的拓樸地圖（topological map）由工程製圖師哈利・貝克（Harry Beck）在一九三一年首次繪製。他自己想到了這種地圖，並在閒暇時間繪製。這份地圖和當時出版的其他地圖差別太大，因此倫敦地鐵公司一開始對於發行十分謹慎。但最後這份地圖因實用而迅速被大眾接受並流行起來。下面即是貝克所繪的拓樸地圖。

除了由一段段直線和圓角組成的泰晤士河以外，地圖上省略了地鐵路線以外所有的倫敦地景，地鐵路線也以一段段的直線來表示，圖中各站之間的距離和也未符合實際的距離。

但如果要看懂倫敦的地鐵路線網，這份地圖非常有用，因為它精確地呈現了兩件事：一是每條線上各站之間的順序，二是各路線之間的轉運站。旅客規劃行程時最需要知道的就是這兩點，所以這張地圖能夠幫上很大的忙。

比對另一張地理細節更精確的路線圖，雖然有些時候，比如訂購更換的軌道時，第二張地圖會是更好的路線網模型，但對於決定怎麼從匹黎可（Pimlico）到皮卡迪利大街（Piccadilly）之類的日常決定來說，用第一張地圖會簡便得多。

比較這兩張圖可以協助我們釐清好地圖和壞地圖的決定因素是什麼。只要確實能達成目標，好模型並不需要鉅細靡遺或精準無誤。要確定模型

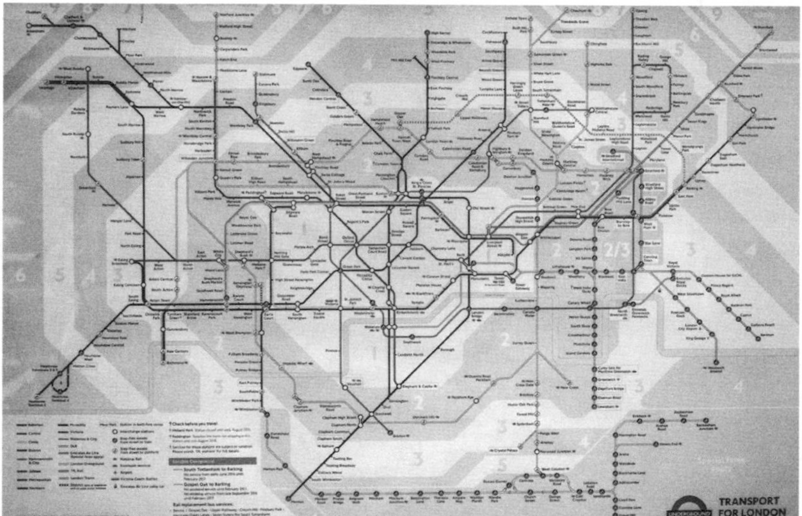


圖三十四：倫敦地鐵地圖（來源：Alamy）

好不好，我們需要確定：（a）我們有什麼目標，以及（b）我們是否能相信模型吻合這些目標。

要知道模型是否吻合其目標，我們還需要知道模型的結構正不正確，特別是它的關鍵假設是否有效？還有我們是否確定，該模型有準確描述相關的具體問題，並能正確處理這些問題、提供準確而清晰的結果？

在拓樸地圖的例子中，模型的目標是協助旅客決定如何在地鐵網上的兩點之間移動。就這個目標來說，拓樸地圖比地理上準確的地圖更能稱作好模型（但在其他目標上就不一定了）。

地鐵路線圖是好模型的另一個重要原因在於，它的潛在假設（underlying assumption）非常符合現

圖三十五：地理上精確的路線地圖

實世界中旅客所遇到的問題。這個潛在假設是，規劃路線的難度和時間可以藉由車站和轉運站的總數來合理估計。這代表各站之間的精確距離沒那麼重要。

模型的整體結構取決於其潛在假設，所以其結果的價值也高度取決於潛在假設是否完善。許多模型的潛在假設經常都沒有清楚說明，而這可能會導致嚴重且難以發現的缺陷。

潛在假設選得不好時會發生什麼事？說得更清楚一點，簡化假設時如果

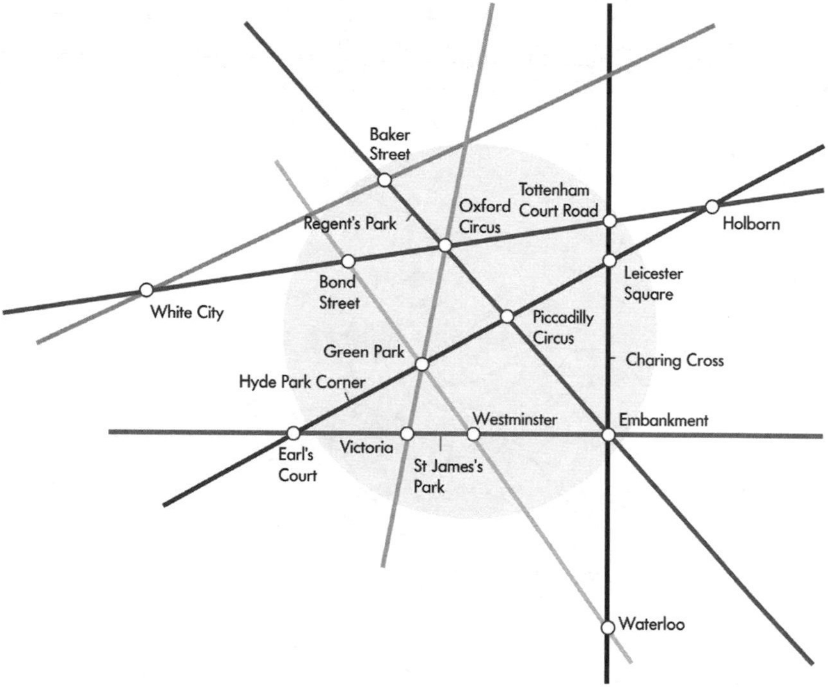


圖三十六：假設所有路線都是直線的地鐵路線圖。

太過簡化會發生什麼事？想像一下如果地鐵路線圖繪製時簡化假設了所有路線，像下頁的圖一樣全部都是直線的話。或許會只剩地圖中央的部分還有辦法使用。[1]

但這張地圖還有其他更基本的缺陷。最明顯的問題就是環狀線不見了，因為環無法畫成一條直線。其他有分支或繞圈的地鐵線路，比如區域線、北線和中央線都無法完整呈現。兩條直線在平面上也只能交會一次，但在現實世界裡許多地鐵線路都會在好幾個車站交會。因此所有路線都是直線的假設實在太過頭了。如果你要在倫敦找對路，最好是別用這張地圖。

我們可以用這個類比為基礎，來評估那些分析國家經濟時常用的主要幾種模型。

## 慣用的總體經濟模型不符合目的

常用的總體經濟模型很多種，繁雜程度從只有專家會使用的艱深數學模型，到一般人可以在腦中運用自如的簡單模型都有。而最常用的或許是一般均衡（General Equilibrium）、計量經濟（econometric）和簡化心智模型（simple mental model）三大類。這三種和所有的模型一樣都是錯的，但問題在於：哪一種有用？

## ◎一般均衡模型

很多中央銀行都會使用動態隨機一般均衡（Dynamic Stochastic General Equilibrium, DSGE）模型。雖然這個名字簡直長得嚇人，但我們可以逐字來理解它。「動態」的意思就是非靜態，也就是這個模型處理的是一段時間內，而非一個時間點上的經濟。「隨機」表示這個模型允許某些因素具有隨機性，而非固定的值；比如說我們可以假設在預測期間內，油價存在著某種隨機分佈而非固定不變。「一般」代表模型同時涵蓋經濟體內所有的市場，諸如勞動市場、商品與服務市場、資本市場等等。「均衡」則是說這些市場裡的每一個都同時與其他保持均衡；舉例來說，勞工的薪資正好足以讓他們有動機在被要求的工作時數內勞動，而廠商生產的商品和服務也正好足夠以剛好的價格出售來滿足每家人的需求、付錢給勞工、讓投資人得到可接受的報酬。

這些模型的潛在假設很有意義。首先，有一些基礎假設決定了模型的本質；其次，這些模型引入了一系列的簡化假設來保證能夠得出答案。

最基礎的假設是經濟會不斷而且非常快速地朝穩定均衡發展，只有外部衝擊才會擾亂這種均衡。為了讓裡頭的數學成立以保持穩定均衡，經濟學家引入了一些更簡化的假設：

- 所有參與經濟體的人（家庭、勞工、廠商等等）都擁有完整資訊，行為完全理性，而且都以相同方法做出決定（因此經濟體中只有一種代表性廠商和一種代表性家庭）；

- 外部衝擊很小，這樣模型才能始終趨近均衡——這樣才能以所有關係皆為線性的假設來合理推估（也就是假設每條地鐵路線都是直線）；
- 金融部門只是經濟體中其他參與者的中介，而且由於他們擁有完整的資訊，行為完全合理，金融市場價格也就始終正確，絕不會發生泡沫或崩潰。

最後的假設表示，許多DSGE模型都忽略了整個金融部門。最後，大多數DSGE模型原則上都只看經濟體中的流量（flow），很少或幾乎不考慮存量（stock）。

雖然眾所皆知這些簡化的假設和現實世界不符，DSGE模型的支持者都宣稱其具有微觀基礎。也就是說，他們認為這些模型建立在對個體經濟學上的理解上。這是它們最大的優勢。著名的諾貝爾經濟學獎得主勞勃・梭羅（Robert Solow）在二〇一〇年向美國眾議院科學技技委員會（Committee on Science and Technology）作證時說：

我們現在還停留在長期衰退的深淵，眼前所見都是不確定的未來和工作機會嚴重短缺，而在一流大學、各國中央銀行和其他有影響力的政策研究團體中，主流的總體經濟學方法似乎對此問題一籌莫展……我想現在流行的DSGE模型也禁不起基本的檢驗。他們理所當然地認為整個經濟可以被當成一個具有一致性的人，或是一種能執行合理設計的長期計劃的力量，雖然偶爾會受到意外衝擊的干擾，但終究能以理性、一致的方式適應衝擊。我不認為這個想法能通過直覺的檢驗。但支持這種想法的人聲稱，這種理論建立在我們對個體經濟行為的了解上，因此我們應該對它有信心。不過我覺得這些說法基本上都是胡說八道。

眾所皆知，DSGE模型的預測能力非常糟糕，更教人擔心的是這些模型的架構和潛在假設，徹底隔絕了某些真實世界的重要特徵。最明顯的例子就是，忽略金融部門的模型永遠不可能預測到金融海嘯這種災難。用另一位諾貝爾經濟學獎得主約瑟夫・史迪格里茲（Joseph Stiglitz）的話來說，「該模型不只沒有預測到海嘯，還信誓旦旦地說這不會發生。根據理性預期（rational expectation）和外生衝擊（exogenous shock）兩個核心假說，這種形式和強度的危機根本不可能發生。」

同樣地，這個模型裡不可能發生長期失業，因為所有的市場都會快速出清（clear）。而本書所關注的大規模貧困，在只有一種典型家庭的經濟體中也不是什麼問題。這些現實世界的特徵絕對很重要，但如果政策制定者用的是目前這些DSGE模型，那他們絕不可能得到任何相關的洞見。

## ◎計量經濟模型

計量經濟模型嘗試從另一端來解決問題。計量經濟學方法並不打算從有關各類主體如何行動的理論或假設出發，發展一套全面的模型，而是從少數幾種被認為存在因果關係的經濟變數著手，接著，計量經濟學家會查看數據，找出這些變數過去的關係；如果存在顯著差異，這些關係就會被用來預測未來政策選項的影響力。

DSGE模型的支持者對計量經濟方法多所批評，他們宣稱這種方法缺乏微觀基礎（見上文）。就某方面來說，計量經濟模型的基礎十分牢固，它們都建立在現實世界的數據上，跟那些DSGE模型不一樣。這些批評的意思是，計量經濟模型只能反映過去經濟變數間的關係，還有以前的政策選項如何影響這些關係，因此無法做出可靠的預測。另外，由於計量經濟模型只考量了系統的一部分，它對未來的預測是否自洽也很難確定。

計量經濟模型的預測成績確實也不算準確。而且老實說，所有計量經濟模型的預測成績都不太好看。牛津大學的西蒙・雷恩路易斯（Simon Wren-Lewis）就說：

> 以總體經濟模型所做的總體經濟預言，通常只比有根據的猜測還要好一點。這不只是我的個人意見，事實就是這樣。過去幾十年裡，許多素有名望和地位的預測家都研究了自己過去使用這類模型時所犯的錯，並發現了事實就是這樣。

## ◎簡化心智模型

既然事實如此，有這麼多政策制定者和一般人都偏好依賴自己的心智模型，也就不讓人意外了。其中有一種模型最近變得非常流行，它只有一句話：「市場知道怎麼分配資源最好」。根據這個模型，既然公部門支出沒有建立在市場機制上，它就很有可能將資源錯誤分配。因此，政府最好是閃一邊去，盡量少花錢也少收稅，放手讓市場的力量施展魔法，就能解決任何問題。而最糟的作法，就是政府闖進來想親手解決問題，因為無論用意再怎麼良善，他們都會把現狀搞得更爛。

這個模型富有一種清晰簡潔的美感，政策制定者可以輕鬆照著它應付所有經濟議題。稅收該怎麼辦？堅定不移地減稅！政府支出該怎麼辦？始終如一地節儉！失業率該怎麼辦？至死不渝地放任！連法律規範和工會制度都要盡量撤除！

接受這套哲學的政治人物中，影響力最大的就是英國的佘契爾和美國的雷根（Ronald Reagan）。

本模型有個最明顯的問題，就是它想用同一套處方就包治所有病情。無論是什麼經濟問題，它的回答都是限制政府力量、降低稅率和減少政府支出。如果更極端地接受這個模型，最後的結果就是零稅收、零支出，當然也就會是零政府和零執法——換言之就是無政府狀態。

人們通常是出於務實，選擇性地擁護這個模型，而不會提出理論，不然就要提出一堆大家都知道在現實世界行不通的假設。他們會說政府反應遲緩、作風官僚、效率低下，而且傾向偏袒輸家。相反地，私部門往往充滿活力、創意充沛，隨時能因應消費需求進步（也就是提供消費者選擇）。如果讓市場來選擇該由政府還是私部門來負責各種職務，那根本比都不用比。

所以要檢視這個模型，最好的方法也是檢視它的實績。它實際運作的成果如何？雷根和佘契爾所推動的市場導向改革是否真的帶動了經濟成長？這些改革對降低失業率有多少幫助？對於經濟繁榮和一般消費者的選擇廣度又有多少貢獻？如同第二章所述，二戰後的歷史約略可以分成兩個三十五年：第一個是從終戰到八〇年代的資本主義黃金時代（Golden Age of Capitalism），第二個則是八〇年代至今的市場資本主義時期（Age of Market Capitalism）。

在第一個三十五年，英國人和美國人普遍都同意，政府的角色極為重要。英國的國民健保和福利國家（Welfare State）也在這個時期建立。而在第二個三十五年，左右派的政黨都變得更加關注市場。這個時期講的是降低稅率、節制公共支出、政府機能私有化以及解除對私部門各方面的管制。實際上，市場導向改革終於在這個時期得到了實際檢視。而比較一下這兩個時期的成果，我們就能知道市場導向的心智模型實際運作起來，到底是什麼樣子了。

我們在第二章看過，資本主義的黃金時代在經濟上，表現要比市場資本主義時期理想太多了。不論英國還是美國的數據，都無法支持市場導向的改革對普羅大眾有什麼好處。共和黨政客鄧肯所謂「繁榮成長的二十年」，在美國商業部經濟分析局、人口普查局（Census Bureau）或勞動統計局的數據裡，完全找不到任何歷史紀錄。實際上，這些數據顯示的是，一九四五年到一九八〇年確實是一段黃金時代，在那之後的任何指標，紀錄的都是困頓的三十五年。也就是說，「市場最清楚怎麼分配資源最好」這個簡化的心智模型，其實得不到任何證據支持，它絕不是一份可靠的政策指南。

這些數據似乎和我們現在習於聽到的說法徹底相反，所以想必有人會好奇：「如果一九八〇後的日子真的比以前差這麼多，為什麼有這麼多聰明、成功、學識淵博的人覺得市場導向的改革很成功？」如果我們追著金流走，或許就能找到答案。

美國最頂尖的〇．一％大約有三十二萬人。這些人包括了高層政客、金融家、大記者和報業老闆、高階律師和高級公務員。簡單來說，差不多就是所有手握權力槓桿的人。根據知名經濟學家伊曼紐爾．薩茲（Emmanuel Saez）和加比艾爾．祖克蒙（Gabriel Zucman）的研究，許多這個階層的人都認為，在這讓他們暴富的三十五年裡，社會也大幅進步了，而且他們大多數的朋友都會同意這種看法。某種意義上，我們會一直聽到經濟捷報也不奇怪，只是數據告訴我們，沒有證據顯示其他人也能享受到這份勝利。

我們已經看過了三種經濟模型：複雜的動態隨機一般均衡模型、比較簡單的計量經濟模型，以及最多人採用那種市場最懂怎麼分配資源的簡化心智模型。前兩種雖然可以用來做出清晰的預測，但我們已經知道這些模型不但可議的理論缺失，實際預測起來也算不上有多精準。第三種模型無法做出清晰的預測，而在檢視那些遵照此模型建議來調整政策方向的經濟體後，我們發現這些經濟體在一些最重要面向上的表現都惡化了。換句話說，我們習於用來制定經濟政策的這三大類模型，都有致命的缺陷。更重要的是，這些模型的基礎假設都意味著，它們對金融穩定和大規模貧困等重大問題無從置喙。

這是一個嚴重的問題。我們總得制定經濟政策。失業率上升時，我們需要知道有什麼政策可以促進就業。銀行體系造成金融危機後，我們需要了解怎樣的改革能夠降低它再度發生的機率。當成長停滯，我們需要知道如何振興經濟。

經濟學家們主要以三種方式回應這些需要。有一群人辯稱，傳統的總體經濟學在實際運用上幾乎沒有什麼問題，而且也確實預測到某些事件是無法預測的，因此當無法預測的金融海嘯來襲，正好證明了這類理論的成功。

第二群學者選擇認真看待既有模型的問題，嘗試處理模型中缺少金融部門等具體的批評，但大致上仍不脫均衡模型的架構。

而第三群學者則嘗試從更根本的地方重新思考經濟。他們準備拒絕某些長期被用於建立模型的基礎假設。這些假設包括個人會擁有完善資訊並理性行動、銀行是將客戶存款借貸出具的中介者，還有經濟會持續趨向穩定均衡這個最根本的假設。

但拒絕這些假設就需要更加複雜的數學。事實上，學院裡教的東西根本不足以用顯式（explicitly）解決這裡的方程式，甚至不太可能證明這些方程式有合理的解。我們需要一種新的方法來建模，容納更現實的假設以及能表述這些假設的方程式。

## 具可行性的替代方法

其中一個候選方法叫做系統動態（System Dynamic），開創者是電腦記憶體的發展推手杰伊．福瑞斯特（Jay W. Forrester）。福瑞斯特最早是一名電子工程師，後來他對控制論（cybernetics，自我調節系統）產生了興趣，特別是電子控制系統中自我增強與自我平衡回饋循環（self-reinforcing and self-balancing feedback loop），也就是正負回饋（positive and negative feedback）之間的相互作用。他有一個重要見解是，商業和整體經濟中也會發生同樣的自我增強和自我平衡回饋。下圖中是一組簡單的動態，顯示了新的高階技術進入市場並經由口碑而提昇利用率的過程。

這個例子裡有兩個主要的回饋循環。第一個是圖右側的正回饋循環。採用新科技的人愈多，就有愈多的人會接觸到採用者，並且轉變

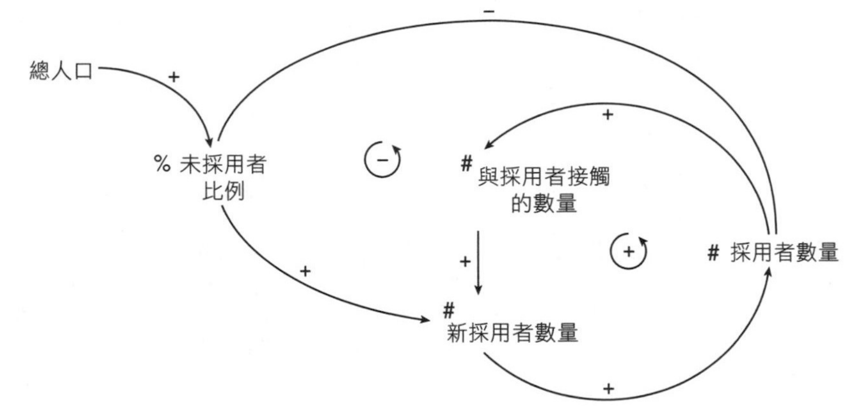


圖三十七：商業系統動態之簡例

成採用者，增加採用者的人數。如果系統裡只有這一個動態，採用者的數量就會呈指數地無限成長。不過現實世界的人口有限，所以就產生了第二種動態。這個動態就是圖中央的負回饋循環；當採用者愈多，剩下的未採用者比例就愈少，接觸採用者後會被轉變的人比例也就愈少。在這個只有兩個循環的簡單系統中，我們可以得到方程式的顯式解，導出新產品滲透市場（penetration）的公式，也就是所謂的S型函數或邏輯函數。真正的商業系統中會有數十個回饋循環，整個經濟體裡又會有更多正回饋和負回饋，這些循環又會不斷相互作用。這種時候通常不可能求出方程式的顯式解，不過電腦還是可以模擬更複雜的系統。

史蒂夫．基恩（Stephen Keen）、韋恩．戈德利（Wynne Godley）和馬克．拉瓦（Marc Lavoie）等經濟學家都採用了這種方法，用更現實的潛在假設來為經濟建模。舉例來說，這類模型可以設計來處理經濟體中的流量與存量、納入金融部門的影響並更現實地描述金錢如何生滅、考量超過一種的廠商和家庭，並且揚棄完全理性和資訊充足的假設。而最重要的或許是，這些模型可以做到真正的動態模擬，也就是可以從某段時間內發生的一切，清楚模擬出下一段時間裡將發生什麼。

## 我們永遠無法實現極致的精準預測

二〇〇八年十一月拜訪倫敦政經學院時，女王針對金融海嘯問了一個有名的問題：

「為什麼沒有人看到海嘯？」真是好問題。大部分學院和中央銀行的經濟學家都被這場海嘯給震撼了。但仍然有少數人是例外，而這些人現在正研究著富有潛力的新預測方法。不過就算他們成功了，經濟學也不太可能有辦法實現極致的精準預測。

## 為什麼「沒有人看到海嘯」

經濟學界用提姆・貝斯里（Tim Besley）和彼得・軒尼詩（Peter Hennessy）的一封信來回答女王的問題，這封信認為，這場危機「基本上是國內外許多聰明人的想像力集體失靈，沒能發現整體系統裡的風險。」他們還表示：

> 問題到底出在哪？每個人看起來都各司其職，而且根據標準的成功指標，他們都算是滿成功的。我們的失敗在於沒能注意到這些成功加在一起，會形成一系列不受單一機構管轄、互相牽連的失衡。有了這一切，再加點從眾的羊群心理、咒文般的金融術語和模仿宗教上師高來高去的政策制定者，一道黑暗料理就這麼完成了。每一份個別的風險看起來都微不足道，但對於整個系統卻是無邊無際的危險。

這段話固然完美描述了什麼是合成謬誤（fallacy of composition），也很好地總結了這種思維流行時會有多大的風險。不過，並不是完全沒有人看到海嘯來襲。迪恩・

貝克（Dean Baker）早在二〇〇二年就明確指出了這層風險，荷蘭的迪爾克・貝澤默（Dirk Bezemer）也設法找到十二名倍受尊崇的評論家，他們都曾清楚預測到這場金融海嘯。有趣的是，這些人的共通點之一，就是他們所使用的模型，多半不是前文提到的一般均衡模型，而是考量到存流量（且兩者一致），也清楚模擬了金融部門及貨幣創造的模型。貝澤默的名單上包括基恩、戈德利和拉瓦，前文也整理了他們所提出的替代方法。

新方法考量到貨幣存流量的一致性，對經濟主體決策過程的假設也不違背真實世界的實情，因而更貼近現實。目前看起來它比其他的模型更全面，預測能力也更強。

## 真實世界是不穩定的系統

但就算用了這些新的模型，還是有些基本問題難以處理；不過倒不是因為這些模型有什麼本質上的錯誤，而是因為真實世界缺乏穩定性。任何存在自我強化循環（正回饋）的系統，都有可能變得很不穩定，只要輸入端有一分鐘的不同，輸出端的結果也會有極大改變。拿氣象學來說，天氣系統就是有名的不穩定系統。氣象學家愛德華・羅倫茲（Edward Lorenz）有句名言：「一隻蝴蝶在巴西拍拍翅膀，是不是就會讓德州颳起龍捲風？」而他的結論是有此可能。

如果經濟學也是如此，而且沒有什麼我不知道的相反論點，那我可以說，經濟學模型的預測能力始終都會很有限。要找出經濟泡沫之類無法維持的趨勢當然辦得到，但要準確預測泡沫破裂的時間點，就不太可能了。

## 我們能期待什麼？

就算因為準確的長期預測無法實現，讓經濟學成為一個不穩定的學術領域，但我們前面討論的那種替代模型仍然可以做出巨大的貢獻。首先，這些替代方法比起另外幾種方法，更能協助我們找出哪些趨勢是無法維持的，比如說金融海嘯爆發前夕，私部門的債務就不斷重重累積。其次，就算無法準確預言，這些模型也比傳統方法更能帶來更優質的政策選項分析和經濟情境（economic scenario）。

所以，我們應該期待的不是料事如神的預言，而是預測模型的假設應奠基於真實世界、完整且存流量一致。我們也應期待政策制定者用這些更真實，而非簡化的心智模型，來研究政策和經濟情境的選項。

1 其實就算在這一小塊區域裡都不太能用。查令閣站（Charing Cross）原本是北線和貝克盧線（Bakerloo）的交會點，但由於直線無法相交於超過一點，地圖上就看不出這件事。

# 第十一章

# 雄辯勝於事實

歷史讓人獲得智慧；……數學讓人縝密；自然哲學讓人深刻……邏輯與修辭學讓人善辯。

——法蘭西斯・培根（Francis Bacon）

就像培根在一六二五年說的一樣，修辭學能夠讓人善辯、提出有力的主張以及塑造他人的想法。如果沒有歷史、數學與科學知識支持，修辭就有流於空洞之虞。不講道理的修辭也是讓世界趨向後事實化的原因之一。

那些為經濟現狀辯護、支持讓大規模貧困繼續惡化的修辭都非常強大。它們不但訴諸我們天性中的深層欲望，也訴諸我們內心的謹慎和焦慮。聽慣人們一再高調複誦許多這類修辭後，我們不但已經信以為真，更視它們如同天理。這讓我們很難冷靜思考種種議題、想像解決之道，因為一旦開始思考問題，就會違背我們所「知道」的真理。本章將會探討一些主要觀點所擁有的力量和贏得的共鳴，並檢視這些修辭是否有得到事實支持。

最重要的是，我們將思考為何雄辯的情感力量會勝過事實，為什麼魔鬼說的總是比我們唱的好聽。

## 謊言總是積非成是

我們期待有影響力的當權者知道事實，並且誠實述說事實，然而實情並非如此。有人望的領袖高調發表赤裸裸的誤導言論，這種案例比比皆是。謊言和前文提到的迷思很容易分辨——傳播迷思的人通常相信這些說法，而說謊則是知道事實卻睜眼說瞎話。當謊言經由媒體被人反覆傳誦應和，就不會有人在乎我們「知道」的是假知識，也不會有人追究我們支持從這些謊言衍生的政策。

比方說，我們「知道」金融海嘯後的經濟問題，都是出在政府恣意浪費。典型的例子就是歐元區邊緣的葡萄牙、愛爾蘭、義大利、希臘和西班牙這歐豬五國（PIIGS）。我們「知道」如果這些國家用德國那種方式來管理經濟，歐元區的地位就會比現在更加牢固。我們「知道」這些國家捅出來的簍子，讓我們需要做出艱難的決定，但我們絕不能害怕撙節，因為撙節將帶動進一步的成長。我們「知道」政府的債務已成了空前的大問題，如果現在不解決，就會留給後代子孫無窮無盡的禍患。

如果這些我們以為自己知道的事情都是真的，那麼現在許多西方國家所遵循的政策或許都是對的，而那些預期子女將過得比自己更糟的受訪者，或許也是對的。泰勒・科文筆下那個超級菁英主義的世界可能就要結束了。但是如果這些觀點只是半真半假，或者完全錯誤，我們可能就正對問題的解方視而不見，或者至少不曾認真考慮這些答案。有人說西方文明的未來（或者至少是形態）正岌岌可危，此話一點也不誇張，因此這些觀點值得我們更仔細地探討。

## ◎謊言一：歐元圈危機的成因在於政府揮霍無度

我們以為自己知道經濟危機的成因是政府浪費成性，其中一個理由是那些理應知道原因的人一再這麼告訴我們。

> 坦白說，這些面臨危機的國家一開始就是因為財政狀況欠佳和擴張性政策（expansionary policy），才導致當前高負債、低競爭力的問題。
>
> 路德格・舒克內希特（Ludger Schuknecht）

上面那句話來自德國財政部的舒克內希特寫給《金融時報》（*Financial Times*）記者馬丁・沃爾夫（Martin Wolf）的投書。舒克內希特先生是該部的資深成員，也是一名直率且自信的經濟評論家。所以如果我們拿他這段意思明白的宣言，和國際貨幣基金資料庫同樣清晰的數據來比較，就會看到令人玩味的差異。

在歐盟政府於一九九二年二月簽訂的《馬斯垂克條約》中（*Maastricht Treaty*），第二判準規定政府赤字不得高於國內生產毛額的三%，第三判準則規定政府債務不得超過國內生產毛額的六十%。只要檢查這些國家有沒有符合這些判準，就可以知道其政府作為到底是審慎還是揮霍。

根據國際貨幣基金的資料，二〇〇七最審慎的政府之中包括了西班牙、愛爾蘭和拉托維亞，這三個國家當時雖遭金融海嘯重創，明智的經濟管理方針仍獲得了普遍讚譽。而且這三國在二〇〇七年都遠比德國更為審慎。葡萄牙雖然不算審慎，但也沒有差太遠。至於義大利的政府債務佔國內生產毛額的比例雖高，政府赤字在海嘯期間還是獲得了控制。英國在海嘯前也位於審慎區內；附帶一提，儘管現在很少人會想到這件事，不過二〇〇七年還是反對黨的保守黨也承諾遵循工黨政府的預算計劃。相反地，美國雖然是金融海嘯後復原狀況最佳的國家，卻完全落在審慎區外。

除了希臘以外，舒克內希特對重災國家的評論都缺乏事實依據。基本上，這些受創最深的國家在海嘯之前，財政狀況都不算差。但儘管前政府揮霍無度這種說法與事實脫節，對歐盟經濟管理方針的影響仍不見稍減。

但如果不是因為政府浪費，海嘯是怎麼發生的？答案簡單得驚人。「金融海嘯」這個說法其來有自：這是一場由金融部門引發，最後波及全球的海嘯。

以美國為例，次級房貸相關的損失據估計約有一兆美元。假設每一筆貸款平均損失十萬美元，就有整整一千萬筆呆帳，這可不是幾個不良的決策，而是產業規模的不良貸款。西班牙和愛爾蘭的問題也一樣，都是因為對過熱的房地產部門放了過多不良貸款。金融海嘯跟政府浪費錢一點關係都沒有。政府的責任反而是沒有善加管制金融部門這個造成海嘯的最大因素。

## ◎謊言二：撙節政策能帶動經濟成長

雄辯勝於講理的例子中，最了不起的或許是宣揚撙節的效用。後來成為歐洲中央銀行（European Central Bank）總裁的尚—克勞德．特瑞謝（Jean-Claude Trichet）正是這類修辭的權威：

> 有人說撙節措施會引發經濟停滯，這是不對的……我確信在當前的環境中，激勵信心的政策只會促進，絕對不會阻礙復甦的力道，因為信心是這個時代最關鍵的要素。

英國財政大臣喬治．奧斯朋（George Osborne）論及「擴張性財務重整」（expansionary fiscal consolidation）時也附和了他的說法。這兩段引文背後的想法都是，一旦企業發現未來稅負將隨政府支出減少而下降，他們的信心就會回升，開始積極投資，並帶動經濟成長。

竟然有人認為企業投資的動力不是從未滿足的市場需求中獲益，而是因為稅率將會下降，在我看來這實在匪夷所思。我見過的所有投資案，都是源自客戶的需求和公司滿足需求的能力。當然，像是企業總部的選址、在哪個司法管轄區（jurisdiction）獲利等決策常取決於稅率考量，但這些只是公司將投資所得的應納稅額（tax liability）最小化的方式而已。

不過我們尚不需搬理論出來說明撙節的影響；二〇〇八年後，各國政府都採取了截然不同的政策，我們只需要比較這些政策的影響，（尤其是各國撙節政策的強度），和經濟成長或衰退的程度即可。換句話說，事實會告訴我們什麼政策有效。

這張圖的X軸以結構性財政盈餘（structural balance）衡量二〇〇八到二〇一三年間各國實施撙節的程度，Y軸

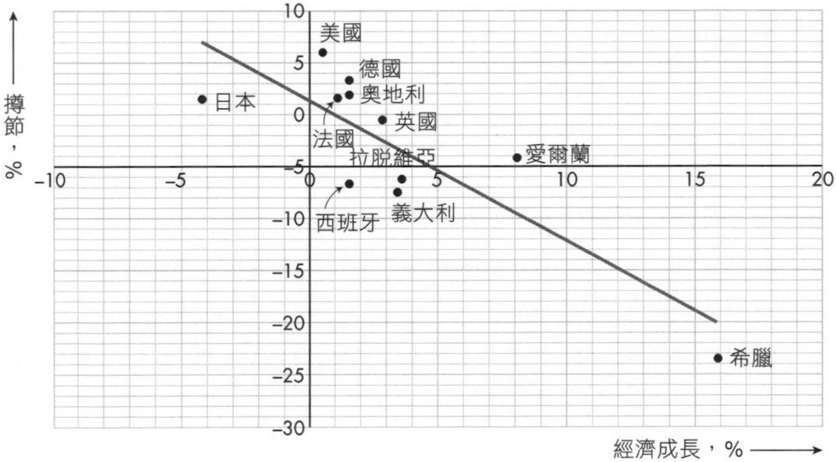


圖三十八：成長率與撙節比（來源：WEO database）

則代表同期內經濟成長的幅度。斜線代表統計上的最佳配適線（line of best fit），很明顯呈現下行趨勢。撙節很顯然導致了經濟萎縮，而非擴張，IMF的布朗夏爾和雷伊也更進一步詳細確認了這個結論。希臘是最積極執行撙節，因此也最清楚呈現其影響的國家，他們的結構性盈餘減少了超過十五％，經濟也因而萎縮了大約二十三％。

擴張性財務重整的理論本來就說不太得通，數據更顯示它們根本毫無根據。這不只是理論之爭而已，這些政策消滅了上百萬份工作，對受害者生活的損害更是數也數不清。

## ◎謊言二：政府負債的程度空前

人們傳言許多國家的債務已經高到政府別無選擇，只能先解決最緊急的赤字問題。他們說如果不這麼做，下一代就要背負難以承受的債務。比如二〇一五年的英國首相大衛・卡麥隆（David Cameron）就說：「各位母親、父親、祖父母、叔叔伯伯、姑姑阿姨，請看著你們親愛的孩子，告訴我，你們難道願意讓他們背負如此龐大的債務嗎？」

不過這次數據同樣有不同的說法。下圖是英國政府負債水準的歷史紀錄。這份由英格蘭銀行所編輯的數據顯示了三個世紀以來的政府債務資訊。我們可以看到，從金融海嘯過後，英國政府的債務確實從不到五十％，大幅增加到如今的八十％左右。

但千萬別嚇到了：這個數字竟然仍低於三百年來的平均負債，更遠遠不及一八〇〇年代和一九四〇年代的巔峰，而在這兩段時期過後，英國的經濟成長都健康無比。

從這份資料也無法看出，我們為什麼要相信減少債務是當務之急，甚至得犧牲文明的關鍵元素？如果為了減少債務而廢除國民健保和福利國家，讓我們的兒女和子孫活在沒有社會安全網、多數人難以負擔醫療的社會，我們的後代才會質問我們，當初做這些決定的時候到底在想些什麼。

## 我們不自覺的被誤導

在表演藝術裡，誤導是「一種讓觀眾把注意力放在某個東西，而從另

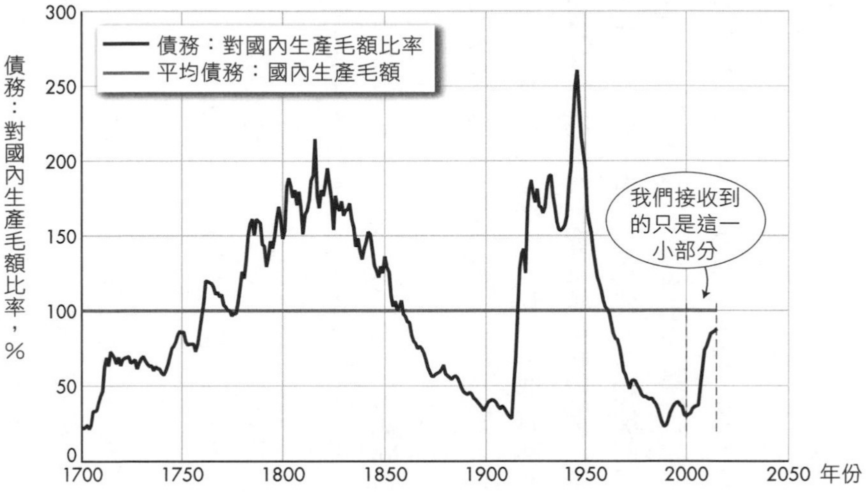


圖三十九：英國政府債務的歷史紀錄（來源：英格蘭銀行）

一個東西上分神的技巧。所有劇場的目標都是操弄觀眾的注意力；對舞台魔術而言這更是最重要的技術。」在劇場裡，我們是自願被誤導；而在政治上，我們卻不知道自己被誤導了，但後者的危險卻要高得多。政治上至少有兩種不同的誤導技巧：紅鯡魚（red herring）和角色對調（reversal of roles）。

## ◎紅鯡魚策略

紅鯡魚策略是用與議題缺乏直接關係的事實誤導討論方向，這在很多議題，比如大規模貧困問題的討論中一直是常見的招數。這個技倆能把人們的注意力拉離問題的肇因。

第一種紅鯡魚策略是指出，在受目前經濟政策所害的階級中，有一群人過得相對比較好。接著這群人就會因為那些試圖為他們謀求「公平」的政策，還有其他人所遭受的困苦而蒙受責難。年輕人普遍把自己遭遇到的困境怪罪給戰後嬰兒潮。舉例來說，英國的保守黨政客大衛・威立茲（David Willetts）爵士就寫過一本相關的書，書名為《窒息：嬰兒潮世代如何奪去子女的未來，他們又為什麼該把一切吐出來》（*The Pinch: How the Baby Boomers Took Their Children's Future – And Why They Should Give It Back*）。比起探究大規模貧困的根源或可能的制止之方，更便宜的手段是指控某些社會契約讓老人過太爽，導致世代之間存在可觀的財富差距；即便實際上這些社會契約正因富人減稅逐漸萎縮，他們還是寧願假裝這道鴻溝比貧富差距還要可觀得多。（不過確實有些政策是為了老人利益而犧牲年輕人，比如住房政策就是讓屋主獲利，並犧牲了尚未擠身有房階級的人們，但造成這些問題的政策大多是圖利富人，而非上一代大眾）。

有一個簡單的思想實驗可以說明紅鯡魚實際運作的方式：想像有兩個相鄰的國家，一個叫民主國（Democracia），一個叫金權國（Plutocracia）。實驗一開始，這兩個國家的條件相同，人均收入都是三萬兩千美金：底層八十％的人平均收入兩萬美金，頂層二十％則收入八萬美金。窮人和富人都可以存下五％的收入，而且存款能夠獲得五％年利。三十五年後，底層人民的平均存款大約會有九萬美金，而頂層的平均存款則會超過三萬六千美金。

到了第二個三十五年，兩國政策開始有了區別。雖然兩國的人均收入都成長了一半，到達四萬八千美金，但兩國的分配方式卻有所不同。民主國將成長果實均分，底層八十％現在的收入是三萬美金，而頂層的收入則是十二萬美金；金權國卻把略多於一百％的成長果實，分給頂層的二十％，讓他們每年能賺到十六萬八千美金，而底層只能賺一萬八千美金。

在第二個三十五年結束時，民主國底層民眾的平均存款會是十三萬五千美金，比上一代多了一半。而金權國年輕一代的平均存款只會有八萬一千美金，比上一輩還要窮。雖然從外人看來，兩國的問題很明顯是出在階級不平等變得更嚴重，但金權國的政客為了「世代公平」，卻決定減少給老一輩的錢。換句話說，他們找出的答案是打平底層八十%的資產，而非將所得提高到頂層二十%的水準。

另一種紅鯡魚策略則是指出由於私部門普遍停止採用確定提撥制（defined benefit），公務員的退休金將比其他私部門勞工要高；政客認為問題所在是公務員的退休金太過優渥，而非私部門的退休金不足——即便後者比較合理。同樣地，他們提出的解方也是處理公務員的「超優退休金」（gold-plated pension），也就是在底層的九十九%裡向下求平等。向下求平等這種紅鯡魚策略對於維持大規模貧困非常有效。讓九十九%內的群眾彼此鬥鬥，就可以藉平等之名讓貧困繼續蔓延。

這類修辭所責怪的對象包括移民、失業者、單親媽媽、北部人、南部人，連千禧世代的職業道德甚至殘障人士的殘障資格也都受到質疑。

先不論指責到底有沒有用，如果只是要找到該受責備的人，我們可以聽老人家的，「追著錢辦案」。前文所說的那些族群都不以有錢出名。實際上，以有錢出名的族群，當然也只有非常有錢的人而已。

還有一種紅鯡魚策略是把某個政策的問題，說成是為了實現目標必須付出的微小代價，但事實並非如此。比方說，每當討論到西方社會的大規模貧困議題，自由貿易的支持者常會提到數億中國人民能夠脫離貧窮，自由貿易功不可沒。而且事實也的確如此。但就如我們在第二章所見，美國整體經濟的問題在於，它是為了富人而設計，其他大多數人都變得比以前還要窮了。大規模貧困的根源並不是出在財富從美國流向中國，而是出在美國境內的財富流動。對於美國內部所發生的大規模貧困，中國的境況就是條紅鯡魚。

## ◎角色對調

這幾年來，有一種愈來愈常見的修辭策略是將剝削者和被剝削者的角色對調。美國人用的說法是「養主和食客」（makers and takers），養主指的是創造財富和職缺的人，但他們的努力被卻被稅負極低，甚至還能享受租稅減免（tax credit）的食客給剝削了。

而英國人則用「工人和懶人」（workers and shirkers）來表達一樣的概念。如同第三章所述，美國的「養主」在這三十五年間，剝削了整個國家超過一百%的經濟成長，而「食客」則比他們的上一代還要貧窮。這些「養主」佔據了不成比例的國內財富，卻抱怨自己繳的稅多得要命，這就像殺了別人父母，再拿自己是孤兒說嘴跪地求饒一樣。

當年挑戰歐巴馬的羅姆尼曾在一場他以為沒有外人的選舉演說上表示：

> 有四十七%的人無論如何都會投給現任總統。這四十七%是他的鐵票。他們賴著政府不放，自以為是受害者，覺得政府有責任照顧他們，相信自己有權獲得醫療、食物、房子還有其他你想像得到的東西。四十七%的美國人不用繳所得稅……這根本是特權。所以說我們的低稅率政策根本打不到這些人……老實說，我也不打算擔心這些人，要教

這些傢伙負起責任照顧好自己的生活，根本就不可能。

羅姆尼後來可能也後悔自己竟把一大半美國人都打成食客，不過畢竟對全世界的政客來說，一邊妖魔化他們那套經濟政策的受害者，一邊稱讚既得利益者，向來都是非常成功的修辭技巧。

史都華・蘭斯利（Stewart Lansley）和喬安娜・梅克（Joanna Mack）在他們的著作《貧窮線上的英國》（*Breadline Britain*）中以當時的就業撫卹部（Department for Work and Pensions）次官瑪利亞・米勒（Maria Miller）為例，她宣稱英國「……的職缺沒有不足，不足的是人們對從事現有職務的意願。」也就是說，人們並非真的失業，他們只是不願意工作而已。蘭斯利和梅克指出，雖然當時英國的確有四十萬份職缺，但當下正在找工作且能立即投入勞動的人數仍有足足兩百六十萬，還缺了兩百二十萬份職缺。事實並沒有站在米勒這邊，不過她的修辭還是很有效。

## 為何魔鬼說得比我們唱得好聽

寫這本書時，我注意到一件奇怪的事情，就是我一般會先研究主題、蒐集相關事實，然後才達成結論。不過有時聽到或讀到完全相反的說法，雖然理智上知道那是錯的，但仍有某部分的我會相信那些東西。不知怎的，我還是會對政治修辭產生共鳴。最後我的結論是因為，這些話術契合了國內氣氛還有時代精神。

## ◎誤導修辭如何引起共鳴

不只是我有這樣的疑問；擬完這本書的草稿後，我哥就寄了一篇文章給我，標題是〈不要讓英國成為下一個義大利〉，他問我這篇文章講得對不對。該文的重點是：

我們要面對現實，英國正陷入債務問題……過去十年來，政府擋住……財政災難……靠的是借來的一兆兩千億英鎊……欠債權人的錢已經從二〇〇七年佔國內生產毛額的三十六%，來到岌岌可危的八十五%……

托利黨（Tory，指保守黨）曾信誓旦旦要將此當作緊急事態處理，但大眾對撙節政策的不滿卻削弱了他們的決心……在可見的未來，英國的隱形債務總計仍將高達國內生產毛額的七十五%。

有人說這不算什麼問題……我們的確可以撐上好幾年。但等下一次衰退到來……負債率可能會飆到超過總國內生產毛額。到那時候，「英國就是下一個義大利」……沒人會想待在義大利。

這篇文章在後事實的光譜上，可以歸類於「蓄意的不實陳述」。就像圖三十的說明一樣，這篇文章雖「基於真實事件，但報導不完全切實且含有誤導意圖」。文章開頭首先聲稱，英國存在債務問題，因為二〇一七年的負債已提升到了國內生產毛額的八十五%，簡直「岌岌可危」。但事實上在過去三百年裡，英國債務對國內生產毛額的平均比率一直超過一百%。[1]工業革命時的國家債務遠不只一百%，而資本主義的黃金時代更超過兩百%，但這兩者都是英國經濟成長最輝煌的時代。八十五%根本不算「岌岌可危」，連平均值都還不到。說白了，英國根本沒有債務問題。

該文繼續提到撙節政策不受民眾待見，並暗示保守黨不應鬆懈決心，而是應該繼續削減公共支出。但它絲毫沒有論及第二章所列的經濟成長低落、生產力停滯、公共服務失能和大規模貧困，而這些都是撙節所要付出的代價。說得再白一點，英國真正碰到的是撙節問題。

該文雖同意我們可以在債務佔國內生產毛額七十五%的情況下撐上好幾年，但也暗指一旦下次衰退到來就沒辦法了。好像三百年來的歷史都不算數一樣。最後，該文還宣稱債務將會超過國內生產毛額的總額，讓英國變成義大利。但義大利屬於歐元圈，他們已經沒有自己的中央銀行，無法自行控制貨幣和利率了。英國沒有這種問題，所以就算債務超過國內生產毛額總額，也不會發生這種事。英國擁有獨立的中央銀行，即便負債比上升，英格蘭銀行也有權控制國內利率。我們還會是個不錯待的地方。

不知道這篇文章是否故意寫成這樣的，但它實在沒什麼內容。儘管如此，它的修辭還是很有效。我知道裡頭完全是胡說八道，但出於某種原因，我還是有點信了。我猜有部分是因為它切合了時代精神（Zeitgeist）。

## ◎符合潮流的時代精神

回想第二次世界大戰後不久，當時英國正處於艱難的重建期。先前有超過一半的國民所得都投入備戰，超過五百萬人被動員加入軍隊。大約五％的國內財產遭到摧毀，全國損失了一％的人口（其他國家的數字可能更難看）。政府債務高達國內生產毛額的兩倍。這份挑戰肯定遠遠超過我們現在所面臨的困境。

但當時的國內氣氛和現在大不相同。牛津大學國際史教授瑪格利特．麥米蘭（Margaret MacMillan）解釋：「戰爭時期的共體時艱讓多數民主國家的人民更加相信，政府有義務提供公民基本的照顧。」要贏得戰爭，共體時艱乃是必要之務。就如同演化生物學家大衛．威爾遜（David Sloan Wilson）和愛德華．威爾遜說的一樣：「在群體裡，自私總是贏過無私。但無私的群體會擊敗自私的群體。其他因素都是次要的。」

除了無私和團結的氛圍，當時的社會也充滿希望。戰爭一開始看起來必敗無疑，但英國和盟軍仍撐過了六個艱辛的年頭，最終取得勝利。而且在戰勝國心中，我們不只終結了一般的戰爭，我們是殲滅邪惡的正義之師。重建確實是場不簡單的任務，但比起世界大戰本身，實在不算什麼。當時全國人民都充滿希望、上下一心。

但這些都是很久以前的事了。對當前國內氣氛影響最大的是金融海嘯和後續的大衰退。很多人認為下個世代將會過得比上個世代慘，而且雖然這樣的發展未成定局，但這份恐懼顯然也不是毫無理由。

官方回應對金融海嘯的兩大策略是量化寬鬆和財政撙節。量化寬鬆的好處不成比例地集中於前五%的階級，而感受到財政撙節代價的卻主要都是底層大眾。共體時艱的精神已經不再，彼此責難卻愈發常見。我們責備後嬰兒潮、X世代、失業者、社會菁英、移民，還有土生土長的英國人。這些責難損害了整個社會的團結（solidarity）。如今全國的氣氛是一片恐懼與孤寂。

當今的時代精神和戰後正好相反。這也影響了我們下決定的優先順序。如果我感到孤寂和恐懼，我最在乎的事情就會是保護自己與家人。如果我感到充滿希望、在群體中有歸屬感，我就會願意努力為整個群體打造美好的未來。戰後的不列顛人會覺得我哥寄給我的那篇文章充滿了失敗主義和挑撥離間。但我們卻會感到有所共鳴。

除非你這人超級理智，不然可能也會有這種毛病。

## ◎包裹了糖衣的魔鬼辭典

我接下來要模仿安布羅斯・比爾斯（Ambrose Bierce）的諷刺大作列出一份指南，教各位怎麼以修辭掩飾自己的意圖。雖然這些字眼的原義尚未消亡，但人們愈來愈常用這些書法粉飾退步（regressive）政策，讓它們乍聽像是負責而美好的選項。有了這份辭典，我們就知道當政客說出：

由於前任政府管理國家時浪費揮霍，讓我們得背負沈重的債務，我們必須負起責任，讓經濟重新成長、回歸穩定。我們不能害怕做出艱難的決定。我們會堅定支持企業，支持家庭，支持勤勞的百姓。勤勞的百姓已經掏錢養了太久的乞丐和懶人了。現在開始，創造財富的人應該得到回報。

就算他們立意良善，認真相信自己說的每一個字，這些計劃的實際影響也會更接近下面這段：

銀行業和影子銀行（shadow banking）的管制不彰造成了金融海嘯，而即便這些作法將會傷害經濟的成長和穩定，我們還是決定要用不負責任的方針回應。我們不會害怕做出糟糕的決定，也不怕推出不受歡迎的政策。我們堅決反對管制，並熱心關愛著自己的家人。有錢人（和其他人）已經繳了太久的稅來養普通人了。現在開始，有錢人應該要得到回報。

| 片語 | 說明 | 翻譯 |
| --- | --- | --- |
| Competitiveness<br>競爭力 | 通常指勞工的單位成本；除非跟印度和中國勞工相比，不然西方勞工都缺乏競爭力。 | Mass impoverishment<br>大規模貧困 |
| Creative destruction<br>創造性破壞 | 一個偉大的概念，能幫助人們免於擔憂決策是否導致負面後果——這些決策只是看起來具破壞性。 | Destruction破壞 |
| Expansionary fiscal consolidation<br>擴張性財務重整 | 相信大幅削減公共支出有益無害並能促進經濟快速成長的信念。 | Impeding economic growth妨礙經濟成長 |
| Hard-working families<br>勤勞百姓 | 混稱薪資優渥或坐擁被動收入（private income）者，和掙扎求生者的說法，非常好用。 | The rich (and the rest)<br>有錢人（和其他人） |
| Job creators<br>創造就業的人 | 指擁有大量財富的人，無論其財富來自成立並經營企業創造就業機會、繼承，還是對企業執行實質上根本在破的不良管理。 | The very rich巨富 |
| Pro-business<br>支持企業 | 這個詞很少是指一件事對經濟有利或廣義上的企業有幫助，只代表它符合政治捐款人的意思，減少了對他們生意的管制。 | Anti-regulation反管制 |
| Reform<br>改革 | 廢除福利國家。 | Taking from the most vulnerable掠奪最脆弱的人 |
| Responsibility<br>負責 | 通常指減少公共支出，無論會不會傷害經濟——更適合描述會傷害的情況。 | Irresponsibility不負責 |
| Scroungers, shirkers or takers<br>乞丐、懶人或食客 | 指接受國家福利，或對自己財產不滿的低收入或無收入者；相反的詞包括「工人」、「養主」，當然還有「勤勞百姓」。 | Normal people一般人 |
| Tough decisions<br>艱難的決定 | 造成大眾日子艱難的決定，但對決策者很少有什麼影響。 | Bad decisions糟糕的決定 |
| There is no alternative<br>別無選擇 | 路線不受歡迎的政客常使用這句話，以表示其他選擇都不負責任（見「負責」）。 | I don't want an alternative我不想選別的 |
| Wealth creators<br>創造財富的人 | 見「創造就業的人」。 | The rich有錢人 |

1見圖三十九

第十二章

# 根本無法實現的二十三號軍規

二十二號軍規只有一個陷阱，就是它指出面對實際且直接的危險時，內心理智的人就會考慮自己的人身安全。奧爾瘋了，他有權停飛，只需要提出申請即可。不過只要他一申請，他就不是瘋子，必須執行更多飛行任務。但奧爾除非是瘋了才會願意飛更多趟，理智的人才不會願意；但如果他是理智的人，就得去開飛機。如果他飛了，他就是瘋子，不用去執行任務；如果他不去飛，他就還有理智，必須去開飛機。尤賽恩深深被二十二號軍規簡練樸實的條文打動，尊敬地吹了一聲口哨。

——約瑟夫・海勒（Joseph Heller）

在第一部分，我們見識過比起五〇、六〇、七〇年代（資本主義的黃金時代），這三十五年來（市場資本主義時期）的經濟經濟表現要差了不少。具體來說，我們看到大規模貧困如何在美國和英國，還有其他國家發生，因此即使經濟一直在實質成長，整體社會變得更為富裕，但成長果實的分配方式卻反讓絕大多數的變得更窮。

我們前面已經討論過，這些議題在未來有可能會彼此加乘，讓大眾分到更少經濟成果、大規模貧困的速度更快、社會安全網破裂、醫療品質下降、教育素質降低、社會流動減緩——簡單來說，就是讓西方民主成立的社會契約宣告瓦解。

很少人願意看見這種結局（雖然確實有一些），但我們都被刻意引導，以為這種不幸是唯一的可能。因為我們沒有聚寶盆能變出錢來維持成本不斷提高的醫療和社會福利。舉例來說，前英國首相卡麥隆就用這個主張來捍衛他的撙節政策，宣稱我們沒有別條路可以選：「如果有別的方法，我一定會採用。但我們沒有別的選擇。」

要修正所有我們所見的問題，顯然是負擔不起的。如果真是這樣，那不管再怎麼令人惋惜，我們都還是要放棄西方文明當前的發展程度，準備退回到像是維多利亞英國一樣的世界。當時社會上的所有好處都歸頂層的一小撮所有，他們大搖大擺享用一切權力，而其他人的生活則貧苦、髒亂、粗野、短暫。只要不是身處社會頂端的一%，這樣的生活當然非常不幸。但如果沒有別的選擇，我們也沒有別的選擇。

然而，這些都是錯的，只不過我們得快點重新思考要怎麼經營整個社會。我們面臨的風險很高。本章節將探討負擔不起的敘事，而我的結論是這個敘事看似有理，但從根本上來說完全沒有根據，因此才極度危險。它就像二十二號軍規一樣是一種循環論證（circular reasoning）。也許我們可以說它是「二十三號軍規」。

## 為何這種說法看似有理？

負擔不起的敘事似乎有理，那是因為它聽起來和感覺起來像是對的。聽起來對的原因是我們一直被系統性地灌輸各種有缺陷的經濟模型（見第十章）、迷思和比喻（見第九章）以及充滿說服力的修辭（第十一章），這讓我們很難想到要質疑這種說法是否有可能不夠紮實。

比如說前幾章就提出了各種證據指出，用持家的方式來經營一國經濟，就是種極具誤導性的想法。相信英美政府債台高築、危如累卵也同樣是出自對歷史陌生。相信揮霍的政府支出造成現在的經濟問題，也同樣忽視了金融海嘯正如其名，是一場金融服務產業嚴重故障所造成的金融危機，而許多受創最嚴重的國家，在海嘯以前都以其經濟管理能力稱著。

最驚人的大概是，明明當今的英美兩國都富裕空前，但我們仍習慣聽到並相信這些迷思，所以宣稱我們無力解決這些問題，乍聽之下才會這麼合理。或許更重要的是，這種說法反映了我們自身的經驗：大部分的人都覺得自己的錢不夠，需要謹慎理財、節制花用。因此它們感覺也很合理。不過，一個人的收入就是另一個人的花費，反之亦然；於是如果整個社會的人都在節制花用，整個社會的人自然也都賺不到什麼錢了。

負擔不起的難處在個人層面確實真切，但如果想知道它對整個社會上是否真構成重大問題，就需要更誠實，還要有更多智性勇氣。

矛盾的是，依基於這些說法制定的政策成果愈差，就有愈多人受蕭條所苦，認為社會負擔能力不足的觀念也愈見合理。如果脫歐打擊了英國經濟（端看是否能讓全民健保署每週多出三億五千萬磅），或是川普的稅制改革讓美國的赤字上升，這些失敗不會讓人減少社會無力負擔的想法，反而會讓它變得更有力。負擔不起的敘事，是種會自我強化的感受。

支持該說法的人會拿政府財政狀態來指出，美國的醫療保險（Medicare）和醫療補助（Medicaid），還有英國的國民健保都已經難以負擔，福利津貼也需要削減。而最後，如果撙節政策開始讓大餅愈做愈小，負擔不起的敘事就會變成自我實現的預言。這就是二十三號軍規。

## 政府負擔不起是毫無根據的說法

我們很容易就忘記，整個社會正愈變愈富有，餅也愈做愈大。我們在第十一章就看到過，儘管發生過金融海嘯和後續的大衰退，英國和美國仍比過去還要更富有。我們整個社會可以負擔的比起十年前猶有過之而無不及。當然，並不是所有人都變得更有錢，我們也看到了大規模貧困這樣危險的發展，意味著真的不是每個人都更有錢了。但財富沒有消失，只是流向了其他地方。

賽斯和祖克曼兩人曾努力研究美國的財富都流到了什麼地方。由於現在的財富高度集中，只要少了幾名巨富就會扭曲整體情況，問卷法可能會佚失某些非常重要的數據點（data point）。所以兩人選擇用退稅額來更全面估計一九一三年以來美國的財富分配。研究的結果很驚人。

在戰後，特別是在七〇年代，頂層萬分之一的人過得其實沒那麼爽。他們只佔有大約全國二%的財富。但在那之後的三十五年間，他們所擁有的財富比例不斷增加，現已來到十一%左右。雖然不到這個程度，但過去三十五年間，頂層千分之一的人也過得不錯。底層九十%的輸家所佔有的財富，則從最多時的三十六%，掉到現在的二十二%。過去十年裡，底層的平均財富也從六萬六千四百六十六美金，掉到五千八百七十五美金。同一段時期，頂層萬分之一的財富則從一億兩千一百萬美金，增加到兩億六千萬美金。

整個社會的總財富取決於全體生產的商品及服務總價值，也就是國內生產毛額。我們已經看過很多次，多數先進國家的人均國內生產毛額一直在上升，整個社會也變得愈來愈富有。因此問題並不在社會是否能負擔社會契約的維持成本，而是我們是否要這麼選擇，以及如果要的話，錢該怎麼來？

如果當前只有政府能出資維持社會契約（老實說除此之外也沒什麼方法），那我們總共有三種政策可以利用：

一、增稅以增加收入；

二、增加借貸；

三、創造貨幣。

一直有人用強烈的措辭告誡我們，如果實行這些政策，一定會很快就會摧毀國家。所以我們同樣該仔細研究事實。

首先是增稅。美國稅收的相關事實總結如下。美國顯然可以承擔更高的稅率。直到大約一九八〇以前，七十％的最高稅率都是常態。在此之後，稅率就一直下降到如今的不到四十％。有一群人一直大聲說服我們，低稅率是經濟成長的康莊大道。曾任國家稅務限制委員會（National Tax Limitation Committee）高級政策顧務，現為川普重要經濟顧問之一的彼得・菲拉拉（Peter Ferrara）相信高稅率和低成長之間有著明確的關聯：

> 簡而言之，用較高的稅收懲罰投資者、成功企業家和創造就業的人，用政府補助金獎勵生產力低落的人，讓每個人更平等，絕對會導致生產力、工作、工資以及經濟成長率減少及下降。

如果兩者之間的關聯這麼清楚簡單，應該也會反應在事實上。在戰後三十五年的資本主義黃金時期裡，最高邊際稅率（marginal tax rate）高達七十％。我們在第一章曾看過，這個時期的平均成長率比稅率調降以後還要高了一％。如果我們更仔細檢視經濟成長和稅收水準（level of taxation）之間長期的相關性，我們將會發現下列的事實（更進一步的細節也可以在我們的網站 99-percent.org 上找到）。

經濟成長率最高的兩個時期分別是一九三六到一九四〇年，還有一九四一到一九四五年，不過當時正在打戰，所有經濟活動都由政府積極管理。從人均國內生產毛額成長看來，六、七〇年代的表現特別好，在此之後唯一比較接近的時期則是二〇〇一到二〇〇五年。換句話說，數據告訴我們，沒有任何證據顯示最高稅率和中期經濟成長之間，存在任何抉擇或取捨。事實正好相反。在稅率愈高的年度，當年的經濟成長通常也愈高。這大概是因為巨富們能將大部分收入轉為儲蓄，一般百姓（或著用菲拉拉的話來說，是「生產力低落的人」）需要為生活花掉大部分收入；而如果稅率（和支出）愈高，就愈能將巨富們手上的錢重新分配給一般百姓，——也就是說，分給中產階級而非巨富的錢愈多，每一塊美金就能帶來更多經濟活動。

顯然徵稅這個選項不但有可行性，也對經濟有好處。如果我們的社會選擇繼續排斥這個選項，至少也該意識到，我們做這種選擇是因為個人偏好，而非經濟上的必要，也不是因為這樣做比較好。

第二個選項則是借貸。同樣地，一直有人告訴我們選擇這條路會導致危難和經濟崩潰。許多評論家都認為政府的負債已經高到讓我們正面臨崩潰的危機。他們宣稱如果用像政府一樣的方式來管理財政，將不會有任何企業能夠存活。舉例來說，驚爆英國債務（UK Debt Bombshell）這個主打「不廢話經濟學」的組織就說：

就算是景氣好的時候，政府還是每年刷爆一張新卡。如果有公司這樣經營，早就宣佈破產了。我們還可以否認財政問題的嚴重性到什麼時候？我們很快就會知道了。

不過在第十一章我們已經看到，說政府債台高築只不過是效果奇佳的政治修辭而已。比如其實平均來說，英國這三百年來一直維持著比現在更高的負債比率。要花超過三百年才看得到的緊急危難，也許沒有那麼緊急吧。

企業債務如果不斷擴張就無法經營的說法，同樣也毫無道理。在成長，企業通常會借更多貸款，一借就是幾十年。舉例來說，前身為英波石油公司（**Anglo-Persian Oil Company**）的BP石油（**BP plc**）成立於一九〇九年，他們的債務在這許多年裡已經大幅成長。他們二〇一五年的債務是一九七五年的四十四倍。用驚爆英國債務「不廢話經濟學」的話來說，這家公司幾乎每年都會刷爆一張新卡。而且在這方面，BP並不是特殊案例。大公司的債務年復一年成長是十分常見，他們當然都沒有宣佈破產。

就算英國政府是一個家庭，這種程度的負債也無需擔心。舉例來說，試想一對成功的夫妻，兩人收入加起來一共十萬英鎊，他們正打算買下第一棟房子。再想像這對夫妻面對著一名謹慎、老派的銀行經理，除非他很清楚客戶能夠承擔，不然他絕不會批准貸款。因此他拒絕借給他們共同收入三倍以上的錢。也就是不超過三十萬英鎊。英國政府債務對國內生產毛額的比率大約是八十二％。稅收則大約是國內生產毛額的三十六％。因此國家債務大約是收入的二．三倍，仍在這名謹慎的老派銀行經理所願意借出的範圍之內，也遠低於現實中大部分家庭所背負的債務。

我們被告知這些債務的利息，將會對子子孫孫造成難以承受的負擔。我們現在當為他們採取強硬的措施。但同樣地，這種說法也無法得到事實支持。因為現在的利率非常低，貸款目前為止都很容易負擔。在一九二〇年，政府貸款利息大約佔國內生產毛額的九％。現在只佔三％。

如果企業有機會進行報酬率（rate of return）高於資本成本（cost of capital）的投資，他們一定會抓緊機會；實際上董事會也有信託責任，依據成員的長期利益經營企業，也就是必須進行能創造價值的（value-creating）投資。寫這本書的同時，長期（十年期）英國政府債券的成本是一．八五％。如果政府是一間公司的董事會，這代表他們有信託責任要讓每一筆投資的報酬率超過一．八五％。可惜英國政府並沒有這種責任，他們認定英國負擔不起防洪之類的投資，於是砍掉了大約一億英鎊的預算，還要求平均每出一鎊，就要能防止價值八鎊的損失。這相當於七百％的報酬率。

除非本來就有七百％的期望收益，不然沒有哪家企業會拒絕資本成本少於二％的投資。明智的投資不會讓企業變窮，而是會更有錢，對整個國家來說也是這樣。也沒有哪個施瓦本的家庭主婦會為了存錢而不修理漏水的屋頂。但有人卻告訴我們，換成政府這樣做就是對的。

歷史說明我們可以借更多錢。長壽企業的經驗說明我們可以借更多錢。就算拿普通家庭來比，我們可以借更多錢。更何況借貸的利率幾乎一直都很低。說政府不該選擇借錢根本就完全沒有事實依據。

政客特別不喜歡討論創造貨幣。我們在第九章看到過，英國首相甚至拚命對這個想法表示輕蔑，將之貶稱為「魔法搖錢樹」。他宣稱沒有這麼好的事，儘管英格蘭銀行清楚解釋他們如何在金融海嘯過後創造了三億七千五百萬鎊來穩定經濟，他還是暗示創造貨幣是不可能的。前首相的說法在字面上確實沒錯，因為真的沒有這種樹，可是如果仔細檢視，這個比喻就是在說謊，而且是個瀰天大謊。

事實很簡單：創造貨幣是可行的，而且我們最近才大創造了一大筆錢。如果有通膨風險，創造貨幣大概不會是什麼好政策。但如果經濟長期疲軟，創造貨幣可能就有其必要。前英國金融服務管理局（Financial Services Authority）主席阿戴爾・透納（Adair Turner）爵士在他的著作《債務與魔鬼之間》（*Between Debt and The Devil*）中說：

> ……總是有辦法解決的問題很少，名義需求（nominal demand）不足正是其中一個。中央銀行和政府可以藉著創造和支出法定貨幣，共同創造名義需求。這樣做被視為禁忌，視為通往通貨膨脹的危險途徑。但技術性來說，貨幣融資（money finance）不一定會造成過度的通貨膨脹，而拒斥這個手段已經對經濟造成了不必要的傷害……用貨幣融資來解決財政赤字不但可行，也值得一用，甚至可能是唯一能讓我們擺脫當前問題的方法。

阿戴爾爵士指出，技術上貨幣融資不一定會造成嚴重通膨。其他學者的主張更進一步。一些包括諾貝爾獎得主克魯曼（Paul Krugman）在內的美國經濟學家也都支持一兆元硬幣（US$1 trillion coin）這個想法：

> 財政部有權鑄造由部長指定面額的白金幣……只要鑄一枚一兆美元的硬幣存在聯準會裡，國庫就能有足夠的獻金來繞過負債上限，完全不會傷害到經濟。

同樣地，如果英國政府鑄造三枚五千億英鎊的硬幣存在英格蘭銀行的不計息帳戶裡，不要花掉就擺著好看，這些錢在經濟上就不會產生任何效果，但卻會有很強的心理效應。英國政府的債務大約是一兆八千億鎊。[1]有了這三枚硬幣，淨負債就會下降到三千億英鎊左右，只佔國內生產毛額的十五%。這將會是一七〇〇年以來最低的負債率。「政府財政狀況難以負擔一切作為」這種想法也將兵敗如山倒。

我們已經徹底檢驗過負擔不起的敘事，但直到現在都沒發現任何事實基礎來證實我們負擔不起奠定西方文明的社會契約。事實上，我們還有三種不同的方法可以用來負擔文明，每一種都在不久前被證明實際可行。但這沒有讓政客停止做出匪夷所思的主張，比如前財政大臣喬治・奧斯朋（George Osborne）被《獨立報》（*Independent*）所引用的這段發言：

奧斯朋先生本月稍早表示，如果不繼續削減租稅扣抵額度，低收入族群將蒙受其害。他在BBC廣播第四台（BBC Radio 4）的節目《今日秀》（*Today*）上這麼說：「辛苦工作的人們要的是經濟安全（economic security）。對這些家庭來說的最糟糕的事，就是用國家負擔不起的社會福利搞垮公共財政。」

在奧斯朋先生的世界裡，從最貧窮脆弱的人們手中把錢拿走顯然是為了他們好，因為公共福利實在太難以負擔了。這個立場極端到連一些當初支持降低赤字的人都很難相信他真的這樣認為。先前擔任財政部常務次官的安德魯・滕博爾（Andrew Turnbull）勳爵就是其中之一，他對奧斯朋說：

您討論債務的時候像是在說，這些債務正讓我們的未來變得貧困……持有英國債券的大部分都是英國公民，這是他們的資產。這些是英國國債。他們確實有繳稅給國家，但他們也會從中獲利。所以在我看來，債務讓人民變窮這樣的觀點，是種經濟學上的謬誤。

我認為您在做的，和您真正的主張，是要讓縮限國家的角色……但您卻沒有告訴人民您的目的。您告訴他們一個關於貧困和債務的故事，但我認為這只是煙幕彈。減少債務有這麼緊急、要做到這種程度嗎？抱歉，我看不出有什麼正當的理由。

在這個討論脈絡下，英國國民健保署的歷史就顯得十分有趣。健保署成立於一九四八年，當時政府債務對國內生產毛額的比率超過兩百%，償債支出則超過了國內生產毛額的五%。同一年議會也廢除了《救貧法》（*Poor Law*）並通過《國家援助法》（*National Assistance Act*），完成了一九四六年《國家保險法》的工程，為最貧窮脆弱的族群拉起社會安全網。

如果我們把現在的思維用在一九四八年，就會認為這是原則上非常值得採行，卻完全負擔不起且不切實際的想法。要是這種當今政壇流行的心態在一九四八年成為主流，設立健保署或建立福利國家想必會顯得荒唐可笑，有沒有人敢提出來恐怕都是問題。

我們整個社會已經變得更富有，而且很可能會繼續變得更富有。我們以前可以負擔的，以後也有辦法負擔；我們只需要選擇去負擔就好。華倫・巴菲特（Warren Buffett）說過，產出大幅增加和大規模貧窮總是形影不離：

> 我出生於一九三〇年。美國現在的實際人均產出是當時的六倍，實際價值的六倍。如果告訴我父母，有成千上百萬人在這種條件下還過得很窮，他們一定會說不可能。

換句話說，即使有過去無法想像的財富，並沒有阻止負擔不起的敘事札根，並進一步帶來災難性的後果。負責維繫社會契約的是政府，我們之前也看到，政府共有三種方法可以提供社會契約資金，這三種方法都明顯可行，不久前也都確實管用，其他也仍在使用這些方法。做與不做，完全是政治選擇，而非經濟考量。

## 接受負擔不起的敘事有何危險？

似是而非的說法非常危險。人們有多相信這種說法，將會決定政策選擇的空間；而現在看來無論左派右派的政策制定者，都很信這一套。

如果我們相信這種說法，那麼要盡力讓社會上每個角落的人都一樣健康並且能發揮生產力，這樣的投資就無法負擔了。能防止城鎮都市嚴重淹水的防洪措施，這樣的投資也會負擔不起。用再生能源阻止極度昂貴的氣候變遷災難，這樣的投資同樣會無法負擔。我們也負擔不起能道路維護工程來減少交通工具所受損傷。無法負擔教育來加強下一代的勞動技能和前景。負擔不起保護老弱婦孺的一切所需。老實說，這些我們相信是由自己所創造出來的文明成果，全都是負擔不起的。

負擔不起的敘事是誤導技倆中的傑作，讓我們相信如何分享整個社會財富增長不是政治問題，而是單純的經濟問題，而且完全受限於經濟學的鐵律。這些說法告訴我們，我們別無選擇。沒有別的選擇。戰後的社會契約是負擔不起的。即便整個社會遠比過去還要富有，我們的負擔能力還是因為某種秘不可言的理由，變得更小了。

如果我們相信這種說法，那麼解決重大社會問題就成了我們負擔不起的奢侈品。說得更極端一點，整個人類種族的存續，都可能成為我們「負擔不起」的奢侈品。有些經濟學家，比如柏克萊加州大學（UC Berkeley）經濟學教授布拉佛・德隆（Bradford DeLong）已經開始提出警告，主張現在是「人口的歷史巔峰」，就像馬匹數量的歷史巔峰正好發生在汽車發明之前一樣。德隆指出在歷史上，像是在愛爾蘭馬鈴薯飢荒期間，掌權者都會準備好接受數百萬人的死亡，因為讓所有人活下來實在「難以負擔」。

所以對付負擔不起的敘事，乃是真確無疑的生死之爭。

1 根據英國國家統計局（Office for National Statistics）二〇一八年的數據，截至二〇一八年三月的財政年度末，英國政府總債務為一兆七千六百三十八億英鎊。

·第三部分·

# 打造未來

每個文明的地殼下時不時都會有革命的火山湧動。

——哈維洛克．艾利斯（Havelock Ellis）

沒有什麼是永垂不朽的。人民會死，文明會衰頹，就算那些自信能夠千秋萬世的國家也一樣。在所有文明裡，有國祚綿長如超過六百年的奧圖曼和高棉帝國、超過八百年的法蘭西王國和一千一百年的威尼斯共和國。但大多數的文明歷史都要短得多，希特勒口中的「千年王國」更只有短短十二年的壽命。

本書的第一部分的出發點是，在包括英美的一些國家裡，定義西方文明的社會契約正遭受嚴重威脅，如果當前的趨勢繼續下去，這些契約就會瓦解，我們所認識的二戰後西方民主文明也會漸漸消亡。

第二部分則剖析了與負擔不起的敘事有關的概念，也就是我們沒有其他選擇能夠讓社會運作，這樣的說法和事實並不相符，只是一種由迷思和隱喻、不完善的模型以及誤導性修辭所撐起來的心理建構（mental construct）。但並不是真相。

第三部分將指出，如果我們揚棄負擔不起的敘事，邁步推動經濟成長，同時確保成長的利益能公平共享，我們就能為下一代創造一個美好的未來。

實現這些解決方案不需要複雜的理論。只需要張開眼睛看清事實。我們會從自己國家的歷史和世界各國的經驗，看見什麼策略有用，什麼沒有。接著只要採取有用的策略就可以了。

當前的困境絕非沒有其他選擇——資本主義有各種樣貌，其中一些比另一些來得更有用。我們整個社會所做的選擇，會反映在收入中位數、貧窮人口百分比、預期壽命和社會流動性上，而這一切都會影響全體人民的幸福。只要看看世界幸福排名表上前十名的國家，我們就可以知道，英國和美國都可以負擔成為比現在更好的國家。從來沒有什麼負擔不起的問題。真正的問題是我們所做的選擇，或著更準確地說，是我們選出的民意代表為我們所做的選擇。

在負擔不起的神話背面，我們仍有一份機會，可以拒絕這個神話，創造一個眾人生活豐足的未來。實現這個未來需要一場革命，但這場革命不需要佔領街頭。這是一場內心的革命、一場正視事實的革命、一場沒有受害者的革命。

只要我們有意識地追求一個團結豐足的未來，那樣的未來就會實現。我們有簡單、可行的步驟來保護民主、讓經濟恢復成長並公平地分享成長果實，創造資本主義的第二次黃金時期。《豐足宣言》一章裡仔細列舉了這些步驟。美國在小羅斯福的新政時期曾實行過這些步驟，英國在戰後也同樣做過。我們只需要再做一次。

我們都有責任確保社會的選擇前往黃金時代，而不是繼續走進大規模貧困和金權政治那一片焦土的未來。

第十三章

# 資本主義的五十種階調

我所說的「資本主義」，指的是那種徹底、純粹、不受控制和管制、放任式的資本主義，在這種資本主義下，國家和經濟，就像國家和教會一樣，因相同的理由，以相同的方式互不相干。

——艾因・蘭德（Ayn Rand）

有人告訴我們要愛自由市場，因為我們沒有別的選擇。蘇聯試過要愛社會主義，結果失敗了。這個章節將指出，我們其實有很多不同經營社會的方式可以選擇，並探索哪些準則可以協助我們做出選擇。

## 資本主義充滿了多采多姿的可能性

世界上有超過兩百個國家，每個國家管理各自事務的方式都有些許差異，而且資本主義在幾乎每一個國家裡都扮演著重要的角色。這代表資本主義其實有超過五十道不同階調可以讓我們探索。我們不一定要讓蘭德所說的那種基本教義派資本主義成為共產主義唯一的替代品。

老實說，蘭德的觀點代表的是最極端的一種色彩，它只是「資本主義」這個詞可能的意思之一而已。

多數人並不像蘭德那樣，他們說自己偏愛「自由」市場的時候，其實只表示他們反對過當管制。很少有人會願意讓菸草公司去托兒所發送樣品、讓大企業聯合起來壟斷市場、允許製藥公司不經恰當的臨床試驗就上市藥品，或是其他類似的事情。

下圖舉列了幾類介於蘭德那種資本主義，和蘇聯式共產主義兩個極端之間的經濟體制。值得注意的是，即便蘭德也為國家設想了一個小小的角色：保護個人權利，特別是財產權。而光譜另一頭，就算是像北韓一樣由國家掌控的反烏托邦，也存在一些私部門活動。

這個觀察也許可以讓你知道，兩種極端都不太有辦法維持文明社會。我們該自問的是，要如何選出可接受的平

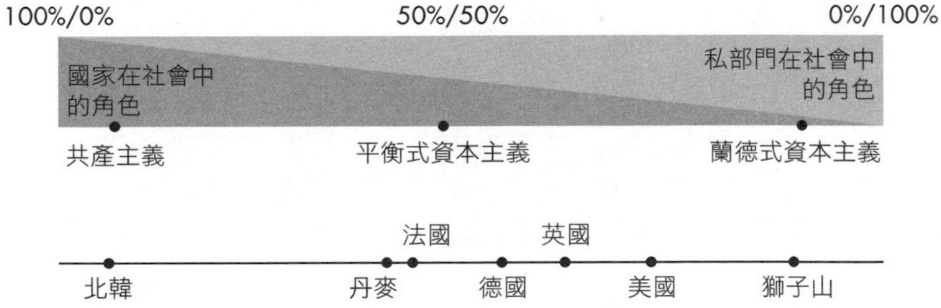


圖四十：公私部門可能角色的光譜（來源：WEO Database）

衡點，找出對整體社會最好，或者至少是夠好的一種資本主義。

## 我們要依據什麼來選擇？

如果像上面說的一樣，資本主義大概有超過五十種階調可以讓我們挑，我們該從那開始，才能挑出最適合我們的階調？最直觀的想法是選擇對人民最有利的體制。雖然確實主觀，不過要評估一個國家的體制，確實可以看看該國公民對生活是否滿意。世界各國都會用調查問卷來評估人們的幸福感。下圖根據二〇一五年的世界幸福報告（World Happiness Report）製作，該報告將一百五十八個國家，按人民的幸福感排列。圖中是報告上前十名的國家。

我最感興趣的是看看這些前段班國家有沒有什麼共通之處。特別是他們運作的方式有沒

| 排名 | 國家 | 分數 |
|---|---|---|
| 1 | 瑞士 | 7.587 |
| 2 | 冰島 | 7.561 |
| 3 | 丹麥 | 7.527 |
| 4 | 挪威 | 7.522 |
| 5 | 加拿大 | 7.427 |
| 6 | 芬蘭 | 7.406 |
| 7 | 荷蘭 | 7.378 |
| 8 | 瑞典 | 7.364 |
| 9 | 紐西蘭 | 7.286 |
| 10 | 澳洲 | 7.284 |

圖四十一：二〇一五年世界幸福報告排名（來源：World Happiness Report, 2015）

有什麼類似的地方？這十個國家的政府在經濟領域都扮演了較為積極的角色，政府部門佔GDP的三十四%以上，有一些甚至佔了五十%左右。

在光譜另一頭的獅子山、馬達加斯加和葉門等國家中，政府只扮演最基本的角色。不過安哥拉排在第一百三十四名也意味著，積極的政府並不能保證國民幸福，而且該國也不是唯一的例子。只是雖然我們應小心避免過度解讀這些數據，事實仍顯示最成功的國家都有積極的政府。

儘管國內公民的幸福感可說是評估治理成果最重要的指標，但收入中位數、預期壽命、貧窮人口百分比和社會流動性等客觀指標同樣耐人尋味。

## ◎收入中位數

雖然各國之間有很大差異，但很明顯收入愈高的國家，幸福感愈高。不過在高收入國家之間，這個傾向就沒那麼明顯。美國的收入中位數最高，但幸福感只排第十五名。相較之下，排名第三的丹麥收入中位數只有兩萬兩千美金。

## ◎貧窮人口百分比

檢視全體人民收入的另一個方法，是看該國貧窮人口所佔的百分比。用這個指標會得到類似的圖像，但可以看出更強烈的模式。從大範圍來看，貧窮氾濫的的國家幸福感排名同樣也低很多。而從較小範圍來看，最繁榮的國家之間也存在這種相關性；大體來說，貧窮人口百分比愈高，幸福感排名也愈低。

我們可以說對於所有政府，特別是在德國、英國、美國等富裕國家裡，消滅貧窮都是頭等要事。

## ◎預期壽命

國家的幸福感排名似乎和人民的預期壽命有很大關聯，這大概也不令人意外。除了丹麥和美國之外，所有已開發國家的預期壽命都超過八十歲。

## ◎社會流動性

社會流動性指的是不論父母是否富有，子女是否有能力在財務上獲得成功，這對人民也很重要。數據顯示社會愈不流動性，也就是兒子收入取決於父親收入的機率愈高，幸福感排名也愈低。

美國夢就是社會流動性的禮讚。但好玩的是，數據顯示在領先國家裡，只有英國的社會流動性得分比美國低。相反地在前十名國家裡，所有能拿到數據的國家，社會流動性都非常高。提昇社會流動性和降低貧窮人口百分比一樣，對於繁榮的社會，特別是對於英美兩國同樣是關鍵的政策目標。

## ◎可負擔性

我們之前見識過，就算在繁榮的國家裡，每當論及政策選擇，負擔不起的敘事都有極大威力。不過此處的數據同樣告訴我們，這種說法毫無事實根據。

除了挪威以外，美國的人均財富比起前十名國家都有過之而無不及。他們之所以進不了前十名並不是因為缺錢。瑞士的人均國內生產毛額幾乎和美國一樣，但他們管理社會的方式，卻能讓國內公民成為世界上最幸福的人。

英國沒那麼嚴重，但也有相同的狀況。從人均國民生產毛額來看，紐西蘭其實沒那麼有錢，但他們經營社會的方式卻能擠身最幸福的前十名，遠超越英國等更富裕的國家。

# 第十四章

# 沒有人流血的革命

暴力革命無法避免，是因為有人讓和平改革無法實現。

——約翰・甘迺迪（John F. Kennedy）

如果說大規模貧困的趨勢確實威脅著西方民主國家（如第一部分所述），但對抗這股趨勢的障礙從來不在於社會能取得什麼支援，只在於我們心中的觀念，以及社會一起做出的抉擇（如第二部分所釋），而且就像資本主義的黃金時代裡所立下的歷史典範一樣，現代也有國家成功防範了這些問題（如第十三章所示），那麼我們顯然該從現在開始下功夫來扭轉這個趨勢。這些功夫需要發揮政治權力。

可惜權力就像財富一樣，集中在少數人手上。當然，這兩個東西本來就關係緊密，鉅額財富可以帶來大量影響力，影響力又可以用來增加財富。我們前面看到，美國社會最頂端五％所擁有的財富，遠遠超過底層九十五％手中財富的總和，前者的權力想當然也大得多。

要解決大規模貧困，我們就得徹底轉向，一改許多過去三十五年所採取的政策。這差不多可以說是革命了。不過問題是這會是哪一種革命？九十五％的底層人民會奪取街頭，重申對國家的控制權嗎？這樣有辦法成功嗎？還是這場革命會像過去三十五年一樣，帶領人們的思維模式前往截然不同的方向、推出全新的政策、轉向重視更公平分配利益並曾帶來黃金時期的經濟思維？

證據指出這個社會的財富足夠我們用無痛的方式發起革命，這場革命也許會有人大勝，但不會有人一敗塗地。這場會是一場思想的革命：

- 與負擔不起的敘事相反的，是團結和豐足的觀念，證據指出這種觀念非常有利於打造一個更好的世界；
- 要揚棄負擔不起的敘事似乎有著難以跨越的阻礙，但這些阻礙並沒有那麼根深蒂固；
- 關鍵在於思維要改變，而這份改變是有事實基礎的；我們不需要掉書袋或拚信仰，只要細看我們和其他經濟體所展示出來的證據，就會知道我們確實有機會為後代子孫建立一個團結而豐足的未來世界。我們需要一場建立在事實上的革命。

## 建立團結豐足的美好世界

我們在第十三章已經見識過負擔不起的敘事的力量。它說服我們，就算社會遠比三十五年前更加富裕，仍然有些沒人能解釋的神秘原因，讓我們再也負擔不起以前可以負擔的東西。我們深信著這種說法，它一次又一次從不同角落鑽進我們耳裡，即便我們內心理性的部分知道，人均國內生產毛額早已成長許多，整個社會也已變得更加有錢，但感覺起來就不是這樣。所以每次我們的內心一吵，輸的通常都是理性那塊。

因此我們需要再花點時間，思考我們是否真能負擔豐足的社會。既然社會財富牽涉到商品與服務的總價值，那麼要確定人人能過得豐足，只要確認兩件事的真實性即可：

- 有價值的商品和服務能夠生產充足；
- 這些商品和服務的價值能被公平分配。

而關於這兩點我們都有樂觀的理由。

## 確保有價值的商品和服務能夠生產充足

只要有生產能力（供給）和足夠的需求，就能生產足夠的有價值商品和服務，所以重點是兩者要有辦法找到彼此。全世界的勞動年齡人口不斷增加，所以勞力供給本身不會成為阻礙。就算會，我們也在第五章看到，新科技將能讓這個世界以一半的勞動力生產現在的所有產品，因此就算是在人口老化的社會，勞工短缺也不太會限制供給。我們也正在研發新的能源、新材料和提昇終端能源使用效率的方式（end-use energy efficiency measure）。目前看起來並沒有什麼東西會阻礙社會的財富成長。

社會目前同樣也沒有明顯的需求短缺。醫療及相關服務的需求更因人口老化而格外地高。防範氣候變遷災害的需要，也創造了對新能源、高效暖氣與運輸形式、先進資源回收方法等技術的大量需求。許多西方國家都急需加強投資道路、下水道、防洪設施等基礎建設。教育改革同樣也是這些國家的優先需求。

然而供需媒合的問題卻愈來愈大。錢在媒合機制裡是一個很重要的環節，如果錢不夠，或者有需求的人手中沒錢，那媒合就無法進行。供給就「看不到」需求。也就是說，「窮人沒有任何需要」。

儘管社會的需要正變得更加迫切，企業卻會面臨需求不足的問題。雖然我們需要防洪設施，土木工程師卻無事可作；雖然我們迫切需要更多房子、學校和醫院，建設公司卻得裁員。這也是我們現在面臨的其中一個問題。

就算這幾十年的成長率不及過往（一部分就是因為媒合出了問題），領先經濟體所生產的產品與服務價值仍然大幅提昇。經濟合作與發展組織為所有大型經濟體都做過長期預測，這些預測指出領先經濟體每年都會至少成長二％。連預測中成長率最低的國家，每年的財富成長也超過一%。

就像過去三十五年一樣，雖然程度不一，但未來三十五年裡多數社會也將變得更富有。即使年成長率只有一%，三十五年累積下來也會成長四十二%。至於二%的年成長率，三十五年後就等於總值翻了一倍。

根據經濟合作與發展組織的預測，大部分已開發社會都將比現在有錢一倍。但人口成長速度並沒有那麼快，所以人均國內生產毛額也會比現在高。所以問題在於，餅既然做大了，那多數人分到的餅有沒有變大？人們有沒有辦法分享到大量成長的財富？

## 確保商品和服務的價值被公平分配

很可惜，第一部分就告訴我們，整個社會變有錢不足以保證多數成員也變有錢。在一些

| 國家 | 預期年成長率 |
|---|---|
| 中國 | 3.6% |
| 澳洲 | 2.9% |
| 英國 | 2.4% |
| 美國 | 2.1% |
| OECD平均值 | 2.1% |
| 丹麥 | 2.0% |
| 法國 | 2.0% |
| 加拿大 | 2.0% |
| 日本 | 1.1% |
| 德國 | 1.0% |

圖四十二：領先經濟體的長期成長率預測（2015至2050年）（來源：OECD）

已經開始走入大規模貧困的國家裡，人均收入雖有實際成長，大多數的人們卻逐漸變得更窮。假設實質成長會繼續下去（好消息是確實會），我們就要面對多數人是否能從成長中得益這個問題。下面的圖四十三根據第一章看到的數據，指出了三種可能的成長分配方式。

三種發展分別是：

一、退步分配：為了保持各階層長久以來的收入成長率，我們像這數十年來一樣，繼續保護最底層的二十%，並且優待較富有的階層。我們在第一章見過，這種作法必須壓榨中產階級，導致他們的實質收入下降；等

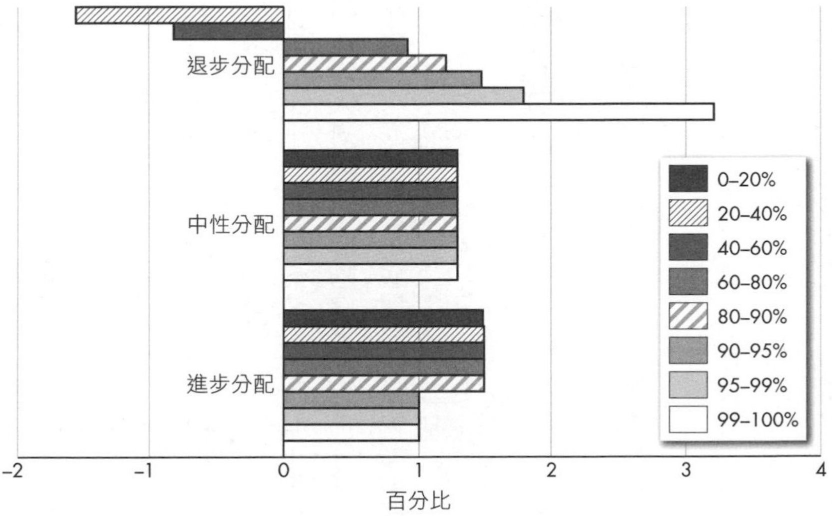


圖四十三：美國各階層人口收入成長的可能發展（來源：CBO；作者估計）

到二〇五〇年他們就會深陷或是近乎貧窮。在這個發展下，二〇五〇年底層二十%的家庭收入仍將不到兩萬七千美金，但相鄰的二十%也大多會掉到同樣的生活水準。

二、中性分配：成長率一致化，每個階層都同樣享有每年一・三%左右的實質收入成長率。每個階層都會逐年變得更加富有，但不平等的情況也會繼續維持。在這個發展下，二〇五〇年底層二十%的家庭收入可以達到四萬一千美金。

三、進步分配：政策的目標變為逐漸降低社會不平等，因此最貧窮的階層，特別是底層九十%的人口，收入將會成長得比富人更快。每個階層實質上都會變得愈來愈富有，沒有人會變窮。在這個發展下，二〇五〇年底層二十%家庭的收入可望達到四萬四千美金。

第一個和第三個發展的結果差異指出了三個關鍵：

一、收入成長率本身的改變較小，我們不需要讓富人變窮來避免剩下的人陷入貧困。

二、這些變化對社會的影響很大，從社會多數人陷入貧窮，變成多數人能享受舒適的中產生活。

三、目前的趨勢和最近的政策都傾向促進第一種災難性的發展。我們必須採取周延、持久的行動，帶來一些能促成第三種發展的改變。

所以雖然我們有一大堆保持樂觀的理由，卻不能滿足於此。要促成更理想的發展，得先改變經濟政策，但改變本身仍是小事，真正革命性的是促成改變所需的過程。

## 為何阻礙比表面看來更容易克服

乍看之下，改變的路途中似乎佈滿無法踰越的險阻。我們已經把收入及財富極端不平等的精靈放出了油燈，把支配社會的權柄交給了我們之中的一小撮人。他們顯然不會交還權柄。可是，雖然他們不太可能這麼做，但他們的抵抗或許也不如預期：

- 乍看之下，頂層一％的人似乎應能從過去三十五年的改變中獲利甚豐；
- 但調查顯示這些獲利可能沒有看起來那麼多；
- 長期而言，比起試著維持當前趨勢，這些巨富在更為平等的體制裡搞不好可以過得更好。

## ◎頂層的一%得到了什麼

無論是本書還是其他來源，都有大量證據指出，社會頂層一%的人能夠獲得大量的收入和財富。財富會帶來地位、權力和權勢。財富能夠買到最好的教育和醫療。甚至還能買到正義。如果要問有誰能從現狀獲益，那毫無疑問會是頂層的一%；更具體地說，是那一%裡的〇·〇一%。

超級富豪平均來說比底層九十九%的人更幸福，這應該不成問題，但兩者幸福的差距，並沒有兩者財富的差距那麼大。

## ◎為何對富人的日子並沒有看起來這麼美好

有三個原因導致極端不平等也會對富人的幸福造成負面影響：首先是因為很矛盾地，他們的情緒比一般大眾更容易受到不平等影響；其次是因為財富能買到的東西不如他們期待；而最後是因為財富導致他們孤獨。

在財富和收入分配裡位於中間或更上層的人能夠免於不平等的傷害。他們不太可能會知道自己在全國或全世界的財富排名（pecking order）；就算知道，他們跟前一名之間的差別也可以忽略不計。但超級富豪的世界並非如此。巨富們的排行榜舉世皆知，榜上的一些人靠著自己的身價來定義自我價值，引此排名稍有變動就能讓他們痛徹心扉。比方說根據報導，沙烏地阿拉伯的阿利德·本·塔拉勒（Alwaleed bin Talal Al Saud）

王子就非常在意自己的財產在二〇一三年富比士（Forbes）富豪榜上的排名。他認為自己應該是全世界前十名的超級富豪，但富比士並不這麼認為。下面是二〇一六年的榜單：

要前進一名平均要增加八%的財產——這並非容易的任務，因為目標的財產也會增加。比方說艾利森雖然非常有錢，但比爾蓋茲的財產幾乎是他的兩倍。就算兩人的生活方式都一樣不受金錢限制，但如果說艾利森會對自己和比爾蓋茲的差距感到芒刺在背，也算是十分合理的猜測。

不平等會讓超級富豪痛苦的第二個原因，是來自那些他們亟欲擁有的地位財（positional good），比如倫敦伊頓廣場的宅邸、畢卡索真跡或是整地窖的拉菲堡紅酒，而這些商品的供給都非常有限。有錢人愈來愈有錢的同時，地位財的供給量並不會增

| 排名 | 姓名 | 財產淨值（億美元） | 前進一名所需財富 |
|---|---|---|---|
| 1 | 比爾蓋茲（Bill Gates） | 750 | - |
| 2 | 阿曼西奧・奧蒂嘉（Amancio Ortega） | 670 | 12% |
| 3 | 華倫・巴菲特（Warren Buffett） | 608 | 10% |
| 4 | 卡洛斯・史林・埃盧（Carlos Slim Helú） | 500 | 22% |
| 5 | 傑夫・貝佐斯（Jeff Bezos） | 452 | 11% |
| 6 | 馬克・祖克伯（Mark Zuckerberg） | 446 | 1% |
| 7 | 賴瑞・艾利森（Larry Ellison） | 436 | 2% |
| 8 | 麥克・彭博（Michael Bloomberg） | 400 | 9% |
| 9 | 查爾斯・科赫（Charles Koch） | 396 | 1% |
| 9 | 大衛・科赫（David Koch） | 396 | 1% |

圖四十四：二〇一六年全球前十大富豪（來源：Forbes）

加，因此這些財產的價格會不斷上漲。避險基金（hedge fund）經理保羅・辛格（Paul Singer）就抱怨過，超級富豪根本是在惡性通膨的潮流尖端生活。

儘管比起底層人民苦思如何湊出下個月房租的麻煩，這些尖端通膨所造成的不快當然微不足道，但這也道出了令人洩氣的真相，那就是即使努力成為超級富豪，要擁有畢卡索或梵谷真跡、入住漢普頓或梅菲爾豪宅，仍然沒有比較容易。只要有太多的錢競購稀缺的商品，通貨膨脹就會加劇。世界上絕大多數的地方都沒有這種問題——實際上近幾年來，通貨緊縮才是整體經濟中最令人擔心的問題；可是對超級富豪來說，通貨膨脹卻是十分真確的大麻煩，因為他們的錢實在太多了。

第三點或許也是不平等最讓有錢人痛苦的一點：孤立感。另一名避險基金富豪湯瑪斯・帕金斯（Thomas Perkins）很明顯就感受到了來自底層九十九%的威脅。他在一篇給《華爾街日報》（*Wall Street Journal*）的投書中警告：

> 身在舊金山這個進步思想的震央，我想提醒各位，美國人向一%「富人」發起的進步戰爭，和納粹德國對「一%」猶太人發起的法西斯戰爭，兩者之間有多麼相似。……從佔領運動（Occupy movement），到《舊金山紀事報》（*San Francisco Chronicle*）的字裡行間充斥著對富人的妖魔化，我發現一股仇恨的浪潮正湧向一%的成功人士……美國人的思想出現了非常危險的變化。一九三〇年的人們無法想像水晶之夜（Kristallnacht）會發生；現在的我們能否想像到，「進步的」極端主義（radicalism）

將步上它的後塵呢？

雖然這算是很極端的說法，但帕金斯並不是唯一感到孤立和焦慮的人。在一份波士頓學院為比爾與梅琳達．蓋茲基金會（Bill & Melinda Gates Foundation）所做的研究中，超過一百六十名受訪的超級富豪回答了他們對財務、家庭和友誼等各種人性需求的感受。其中不安全感的程度特別驚人。報告中提到一名受訪者表示如果他銀行裡沒有超過十億美金，就「無法對財務狀況感到安全」。其他人雖然不需要工作，卻十分糾結工作的問題。其中一個人解釋：「財務自由只會造成焦慮和猶豫。我這輩子都為自己的能力惴惴不安，因為我的錢都是繼承來的。」

還有些人認為鉅額財富無助於締結深入、令人安心的關係。其中一個受訪者說：「財富會阻礙人際連結，讓你覺得不該分享某些生活中的壓力，比如在餐廳的時候誰該付錢這種尷尬的問題。（『對啊，希望我也有這種問題』）」還有人說：「我開始好奇如果他們發現從我們身上什麼都得不到，還有多少人願意跟我們來往？」最後，許多有錢人都發現，只跟其他有錢人來往會輕鬆得多。

實際上，富人似乎也普遍對世界的未來極度焦慮。歐逸文（Evan Osnos）就在《紐約客》（*New Yorker*）的一篇文章中談到有錢人之間盛行為世界末日做準備的現象：「在矽谷或紐約之類的地方，美國最富有的人正準備好面對文明的崩潰。」他列舉了這些人為大災難所作的準備：在紐西蘭購置房產、接受求生訓練、興建末日地堡、預約末日生存設施的名額。

當然，儘管有這麼多困擾，超級富豪還是遠比貧民要來得幸福，只是幸福的程度和他們的財產並不成比例。

## ◎更平等的體制如何利及超級富豪

我們在第一章看過，如果繼續用政策維持最富階層的收入成長率，在不到三十五年的未來內，我們的文明就會崩壞。幸好要阻止這種大災難，並不需要推翻社會秩序，也不需要讓超級富豪淪為大規模貧困的受害者。我們只需要重新規劃政策，讓所有人都能分享經濟成長的好處就可以了。

前幾頁所看到的三種發展對社會底層來說，存在著足以改變人生的差別。進步分配能改善他們的生活，雖然不至於到奢侈的程度，但仍會充裕得多，對雙薪家庭來說尤其如此。而退步的分配會讓他們僅能在高壓、艱難、缺乏安全穩定的環境中餬口度日。相較之下，社會頂層的生活方式在這兩種發展中，差別就沒這麼大：進步分配確實會讓他們的錢變少，但對這些超級巨富極其重要的地位財，價格也肯定不會漲得那麼快。擁有一幅畢卡索的畫不會比現在難多少。

而且，有錢人存的錢還是比窮人更多。窮人拿到一塊錢很快就會花掉，變成經濟體中的即刻需求（immediate demand），而富人拿到一塊錢通常都會拿來儲蓄或「投資」，比如購買漢普頓的宅邸或畢卡索的畫。這些錢通常會導致資本價格上漲，而非創造對產品或服務的額外需求。因此重新分配本身就有可能促進經濟成長；成功的話，社會發展將會比前文所提的更加理想。

因為長久以來，富人都看不見他們收入的成長遠快過經濟的成長（或是有超過一百%的經濟成長會成為富人的收入），所以能夠加速經濟成長的政策，最終將會讓富人（以及窮人）過得比起在其他政策下還要更好。過去兩百年的歷史正說明了這一切。一八一五年時，即便最有錢的人也無法享受到和現代一般家庭相同品質的醫療、交通、資訊和娛樂。

換句話說，儘管聽起來令人驚訝，但在我們需要的這場革命裡，可以完全沒有人流血。窮人會贏得不可計數的財富，富人卻不會失去難以思量的財產。長期來看，他們也會變得更有錢一點。不只是有錢，他們的生活也會更安全，孤立感會減輕許多，滿足感將會取代罪惡感。而且他們會認知到，自己協助重建了一個偉大的國家。

中間階層也會得到大量的利益。比起被稀缺和孤立的敘事所支配的世界，生活在一個團結、豐足的社會更沒有壓力。在團結豐足的社會裡，沒有人會需要存十億美金在銀行裡才能感到安全。

只要做出不大的改變，就能得到這麼巨大的利益，聽起來簡直不像真的。讓人感覺現實世界中一定有什麼會阻止這種事發生；然而所有證據都指出，實情並非如此，沒有任何東西阻擋我們。

## ◎真相如何使我們自由

我們已經在第一部分見過，在大多數已開發國家裡，過去三十五年的經濟產出已大幅增加，而且考慮通貨膨脹後仍有實質成長。儘管如此，在某些國家裡，這份實質成長並沒能夠阻止大規模貧困的現象發生。問題的根本並非技術勞工、設備、能源、自然資源甚至土地不足，因為這些要素不足會呈現為實質成長不足；問題的根本在於分配成長的方式導致了大規模貧困出現。

一切的問題都出在法律、社會結構、談判程序等體制上，這些體制決定了社會如何分配經濟成長的果實。讓這一切體制付諸實行的，則是政客、官員、企業家、司法人員等等為全體社會做出決定的菁英。

體制也決定了誰能搆得到權力的槓桿，進一步影響決策，塑造明天的世界。這代表我們的問題是生根在內在的心靈世界，而非外在的物質世界。讓我們被囚禁的不是因為沒有能力生產世界需要產品與服務。也不是缺少技術勞工或欠缺足夠的科技。不是能源或其他資源不足。更不是土地不夠。而是我們的信念，特別是相信負擔不起的敘事囚禁了我們。但就像第十二章提到的一樣，支撐這個敘事的並非事實依據，而是有缺陷的心智模型、廣泛流傳的迷思和比喻，以及奪理的強辭。

如果要終結大規模貧困，我們就得好好分配經濟產出。如果希望好好分配經濟產出，我們就得省思過去用來執行分配的體制。要改變體制，社會需要做出不同的決定。

要最初不同的決定，我們必須對付四處流傳、深植人心、認為我們別無選擇的信念。要是我們繼續相信我們別無選擇，那麼未來最有可能的發展，仍是大規模貧困和其必然伴隨的一切將繼續維持下去。

本書的第二部分檢驗了最常用來支持這些信念的說法，包括政策制定者用來思考經濟的心智模型、政客和大眾媒體不斷散播的迷思和比喻，以及支持負擔不起的敘事所用的無稽修辭。我們也看到，只需唾手可得的事實就能反駁這些模型、迷思、比喻和修辭。換句話說，這些事實會使我們自由。

歷史的證據告訴我們，改變是可能的——尤其是戰後資本主義的黃金時代，即便外在物質世界的問題，比我們現今面對的更為嚴重，我們還是獲得了成功。而其他國家的證據也告訴我們，改變是可能的，第十五章將要探討的就是，為什麼有些國家能在現代世界成功創造並維持團結和豐足。

一場建立在事實上的革命，正是最有希望終結大規模貧困的道路。

# 第十五章
# 豐足宣言

……我們也需要一個能認真履行社會改革的政府，打造一個為每個人服務的國家。

——德雷莎・梅伊（Theresa May）

在本書的第一部分，我們探討過大規模貧困，看到如果現在的趨勢繼續下去，在二〇五〇年以前，現在的文明就會被金權政治給取代，幾乎所有的財富和都將被一小群人所掌握，中產階級將會消失，幾乎所有人都會生活在貧困之中。

本書的第二部分則探索了我們**為什麼無法抵擋**這股潮流。簡單來說就是，我們根本沒有在抵擋，因為我們已經習於認為沒有什麼可以做。但其實我們以為自己對經濟所知的一切，全都是錯的。

有人促使我們去相信，戰後時期的經濟一直在緩慢衰退，直到雷根和佘契爾的改革才扭轉了一切。但真相是戰後實乃資本主義的黃金時代，當時**經濟表現遠勝過**市場資本主義時期。就算在「可怕的」七〇年代，整體經濟成長也好得多，一般家庭的薪資成長率也比二〇〇七後的十年要來得更高。

我們被訓練要相信自由市場和自力更生，是通往經濟成功唯一的道路。私部門永遠比公部門更有效率。只有私部門才能創造就業。就算我們千不該萬不該地希望政府伸出援手，也沒有足夠的金錢，因為政府的負債太嚴重了，稅率也太高了，錢是沒辦法無中生有的。由政府來解決問題是我們負擔不起的選項。

我們大多數人都曾相信這些說法，我就是其中之一。但就如我們前面所見，這些說法**沒有一個是對的**。

要是這些說法是對的，我們就別無選擇只能接受等著多數人的只有灰暗的未來。要是這些說法不對，那我們的選擇就多了——**而我們確實有很多選擇**。

只要放下成見，看清事實，就能看到我們**應該**著手規劃一個團結豐足的未來，這樣的話在二〇五〇年以前，每個人至少都能過得比現在好一半以上。最棒的是，要實現這樣的未來，並不需要揭竿起義。

實際上，我們需要採取的行動既不特別困難，也沒有非常激進。第一步就是保全民主的運作。第二步則是在這些基礎上建立新政：根據事實而非謊言制定政策、態度明確地朝團結豐足的未來努力、明智地投資未來，以及確保有個正派的競爭市場來為全體社會的福祉服務。

我們可以順利實現這種改變，就像我們以前做的一樣。

## 關鍵基礎在於運作良好的民主

我們在第六章見過，要讓民主運作良好所需要的不只是一人一票，更需要盡可能讓想法的品質，而非口袋的深度來決定誰能影響整個社會的公共論述與政策。換句話說，影響政策的能力不該被社會上最富有的一小撮人把持。

但很顯然許多國家都遠離了這份理想，並且理所當然地愈離愈遠。如果我們不行動，規則就會愈來愈服務那些已經非常有錢有權的人。我們現在就得重新整頓民主。

### ◎重整民主的五個提議

**一、民選政府應明確以全體人民的福利為責任，而不是只為了一小群有權有勢的人而治理：**

- 經濟政策當明確以解決大規模貧困為目標，確保社會上所有部門能公平分享經濟成長；預算責任辦公室（Office for Budget Responsibility）或相應單位應根據此目標，評估每一筆預算在短、中、長期間的影響；一切再分配（redistribution）都應該採取進步，而非退步的方式進行。
- 預算責任辦公室應公佈每年的「貧困率」（impoverishment ratio）和「落後率」（leave-behind ratio）；前者說明有多少人實質上比去年更窮；後者則代表有

多少人的收入成長得比整體經濟還要慢（換句話說就是比人均國內生產毛額更慢），沒有得到政府政策的幫助。

- 政府的政策和中央銀行的決策，都應明確以勞動人口能充分就業為目標。
- 所有立法議案都應經過預算責任辦公室的評估，判斷議案是傾向集中還是分配收入和財富——傾向集中收入和財富的退步立法需要獲得兩院的三分之二多數才能通過。

**二、未有成文憲法的國家應制定一部憲法，有成文憲法的國家則應修正憲法，收錄上述第一點的原則，確保政治權力的分配不會像財富的分配一樣集中。**

- 禁止法人團體提供政治獻金（不論商業性與否的任何類型組織），及刊登政治廣告。
- 來自個人、家庭及家庭信託政治的獻金，額度應限於中等階層家庭可負擔的數目。
- 遊說活動應受嚴格監控，所有遊說活動的會議及資金，不分內部和外部也應完全透明。
- 投票權應成為普遍權利，不該由財產決定，也不該必須經由繁瑣昂貴的程序取得。

三、憲法應確保權力分散，防止掌握部分政治菁英就能掌握其他人的危險——立法權應遠離司法權，且不得干涉司法官任命；監理者應保持高度獨立，不受立法權和受監理者的影響；學術研究的獨立性應得到保護，才能不論其結果是否支持政府的政策，都能自由根據事實進行研究及發表成果；私人的學術捐款也應受到仔細控管，以免有錢的捐款者以個人政治目的影響教學與研究。

四、媒體所有權不應集中——任何單一家族、家族信託或其他團體都不應擁有能觸及全人口十％以上的媒體；同時，媒體身為第四權，其所有人也不應身兼立法者、司法官或其他社會上的重要職務。

五、憲法應防範民選政府以減少第二議會或修正議會（**revising chamber**）的權力、為政治目的重劃選區、限制司法獨立性或弱化第三點所述的分權原則的方式，試圖規避民主的防衛措施。

這些改革有的看似平凡無奇，而且也很難想像有哪個政府會承認他們曾想過要違反第一條原則。只是雖然他們不會承認，一旦關起門來還是會這麼做。拿一九八二年的英國來說，後來的內閣秘書勞勃．阿姆斯壯（Robert Armstrong）爵士就為內閣大臣們準備了一份祕密報告，討論如何要如何大幅降稅，增加能夠（向上）再分配的財富。他為自己辯解的理由是：

這些選項有的會讓部分人民過得更糟。但如果不讓某些人過得比較糟，要調整政府的角色就很困難，大多數的時候根本不可能；如果和公共支出及稅收扯上關係就更是如此了。因此我們必須接受這種可能性，同時承認政府的功能和責任就是確保沒有人會變得太糟，或是遭受太過分的困難。

如果人們認為貧困是種相對的狀況，他們就很難接受逆向再分配。但如果人們同意，每個人都應能免於某種程度的貧困，也同意雖然國家增加的財富應該和窮人分享，但並非所有人都應該要分享到，那麼一些再分配的結果就是可接受的——如果要讓可供再分配的財富增加，他們就必須接受。

值得注意的是，這份報告並沒有提到涓滴效應（trickle-down）那種靠市場力量讓窮人跟富人一起變有錢的魔法。阿姆斯壯和聽取他報告的那些大臣都不懷疑某些人（窮人）的生活會變得更糟，但他們都覺得如果要增加可供向上再分配的財富，就是必須接受這個後果。

如果政府明確以避免退步措施為己任、而且必須對貧困率和落後率負責，就不會輕易常識阿姆斯壯報告中提出的那些政策。如果政黨的資金來自人民大眾，而非個別的有錢人和大企業，他們也就會更關注整體人民的福祉。他們會不得不終結大規模貧困。

第四個提議看似更有爭議，但即便通過這些法律，依然會有十個企業或個人能完全支配主流媒體，並在很大的程度上控制公共論述。不過對大多數國家，這仍然比現狀要好。

第五章指出，手握權力槓桿的人們有很多尋租（rent-seeking）的方式。沒有這些民主改革，就算有政府能成功通過有效的立法，減輕甚至終止大規模貧困，另一個政府上台撤銷這些仁政，也不過是時間早晚的問題。因此無論政策的設計再怎麼用心，**憲政改革都比任何單一政策更為重要**。這是未來團結豐足的基石。

在這番整頓所建立的政府體制下，民享將成為其憲法職責，而民治的意義，則是人們對制定政策的影響力將取決於想法的品質，而非有多少財富來倡議政策。

## 在堅實的地基上建立富足新政

重整後的民主是堅實的地基，我們能在上面根據事實制定政策。第二部分告訴我們，沒有任何根本的障礙能阻撓我們創造新的資本主義黃金時代。唯一阻撓我們的，是由廣為人知卻漏洞百出的心智模型、無所不在的迷思和比喻，以及由不講道理的修辭所支撐的令色巧言。

根據事實制定政策能讓我們建立一個以豐足團結，而非稀缺孤立為地基的社會，我們能投資未來，享用正派的競爭性市場所帶來的利益，而這正是資本主義的根本目的。

## 根據事實來制定並實施政策

自從金融海嘯海嘯過後，負擔不起的敘事就主導了許多國家的政治論述。正如我們之前所見，這些故事告訴我們，一件事不管再怎麼美好，只要我們負擔不起就辦不到；雖然毫無事實根據，這種說法仍然很有說服力，因此它也充滿破壞力。

在第二部分提出的三個因素中，不講道理的修辭是維持這些謊言的主力。迷思和比喻是重要的輔助角色，而人們普遍用來思考經濟的心智模型，則讓這三者得到了名不符實的信譽。要讓世界上的政策更仰賴事實，就需要先改革這一切。

要讓社會能根據事實下決策、制定政策並且實施，是沒有辦法一步登天的。根據事實進行決策需要能取得事實，還要有能力解讀事實。反過來說，取得事實需要充足的資金進行研究，以及發展蓬勃的媒體部門提供優質報導，而且解讀資料則需要決策技能和區分謊言、感受與事實的能力。所以聲譽良好的事實查核專家不但重要也很可貴。

最根本的是，這一切都需要人們普遍重視事實的價值，還要有一大群學習過批判思考、態度和技能的人——當然所有人民都學習過是最理想的。這些當然都不是簡單的任務。但對大多數人而言，後事實化的代價有多高已經昭然若揭。雖然這些計劃的好處很慢才會成形，不過現在正是投入的時機。

一個或許能在短期內有所幫助方法，是成立一個獨立、資金充裕且得眾矚目的事實查核辦公室（Office for Factual Accuracy），該單位唯一的責任就是評估重要個人或組織，比如政客、官員、大型媒體電台和企業等等的公共發言是否準確符合事實。每一份言論都可以打上「已知錯誤」或「已知正確」的評等，至於中間的評等則是「證據顯示可能有誤」、「無決定證據」、「證據顯示可能正確」。

如果英國設有這樣的單位並廣為人知，關於脫歐公投的討論基調就會大為不同。如果美國設有這樣的單位且廣為人知，最近一次總統大選的結果也會不同。對政客和他們的政策顧問來說，事實查核辦公室的檢視可能也會有正面效益，因為沒有人會希望自己的發言被公開標滿「已知錯誤」。這樣的話政黨也會需要為自己的政治主張進行事實查核。

最後，經濟學也需要改革，才能應政策制定者的目的需求，比如終結大規模貧困，來設計模型。幸好，這部分的改革多少已經展開了，新的經濟學派已經開始發展成形。

經濟學落後了許多學門幾十年，才發現人類並非理性、一致、擁有完整經濟資訊且處心積慮將現金流折現值（discounted value）最大化的經濟人（Homo Economicus），而行為經濟學（Behavioural economic）就是打算處理這項事實。

現代貨幣理論（Modern Monetary Theory）也極力維持法定通貨的存在（因為政府可以隨意創造這些錢），並將部門餘額總和為零這件事納入制定政策的考慮事項。

而最重要的是，基恩和拉瓦這些經濟學家的研究，挑戰了一直以來用線性模型追求均衡來理解經濟運作的做法。

人們可能要花很多年，才能不再盡信舊的經濟模型，不再相信經濟體只由一種標準的經濟人所驅動、貨幣體系像金本位一樣運作，而且能快速達成最佳平衡，惟有外部供給衝擊才會造成偏差——不過這天遲早會來臨的。

改為根據事實來決定政策，能夠削弱負擔不起的敘事，開闢一條新的路徑，在豐足團結的地基打造新的社會。

## 設計能實現豐足團結的政策

如果社會由豐足團結的敘事主導，最大的好處就是終結大規模貧困將成為可能。討論整個社會的「量入為出」時要記住，一個社會的財富取決於它能生產的商品和服務有多少價值，因此任何我們能生產的東西，我們都負擔得起。只要我們繼續生產更多，就能負擔更多消費。

只要餅愈做愈大，就沒有什麼根本的障礙能阻止每個人分到更大塊的餅。就算有大量的人處於失業狀態（即便技術上他們不算是失業）或是不充分就業，我們能負擔的也比現在所享用的更多。

知道我們可以做得更好很令人欣慰，但問題還是在於要如何創造高附加價值的產品與服務，以及如何讓更多人的口袋裡有錢來購買這些東西。

負擔不起的敘事有個隱藏內涵，就是許多重要領域的效益很大，社會卻對這些事務的投資卻太少。我們應該讓經濟大餅成長得更快，還要切得更公平。如果採行前述的憲政改革，自然會徹底改變政策的搭配。而如果政府的重心是抵抗大規模貧困，就需要從下列兩個面向來評估政策：

- 政策是否能把餅做大？（豐足）
- 政策能否公平地分配餅？（團結）

這種評估方式能把政策分成圖四十五中的四大類：

- **第一類：綁架式成長政策**——這種政策能把餅做大，卻會讓餅的切法更不公平；
- **第二類：分享式成長政策**——這種政策不但能把餅做大，也能公平地分配餅；
- **第三類：禿鷹式政策**——這種政策不但把餅做小，還會犧牲窮人；
- **第四類：平衡用政策**——這種政策會讓分配更公平，但餅不會變大。

在市場資本主義時期，政策搭配主要偏重於禿鷹式和綁架式成長政策，只有少量的平衡用和分享式成長政策。結果就導致了低成長率和不平等。人權學者菲利普・奧斯通（Philip Alston）教授就曾寫道：

> 撙節的代價不成比例地落在窮人、婦女、少數族裔、兒童、單親家長和殘疾人士身上。二〇一〇年以來，稅制和社會福利大幅退步，被各種政策剝奪最多的也是那些最無力承受損失的人。政府說每個人的苦勞都會獲得回報，但根據平等與人權委員會

（Equalities and Human Rights Commission）的資料，這些改變將導致到了二〇二一或二〇二二年，底層二十%的受薪階級平均會損失十%的收入，而獲得好處的都是收入最高的階層。

重整過的政策搭配將會著重於第二類政策，並謹慎結合第二與第四類政策，讓經濟得以成長強勁、分配公平。至於禿鷹式政策則要完全終止。

由於自動化普及徹底取代了許多職務，並壓低了其他職務的薪資，要防止本書第一部分所言的反烏托邦結局，或許只能仰賴平衡用和分享式成長政策。附錄伍解釋了這些制度要如何安排才會有效，確保自動化普及真的能帶領人們走向豐足，而不是加速大規模貧困。

經濟正義委員會（Commission on Economic Justice）的總結報告提供了更直接的做法；他們列舉了十大類，一共七十三條政策建議。所有建

| | | 達成團結 | |
|---|---|---|---|
| | | 不公平地分享大餅 | 公平地分享大餅 |
| 創造豐足 | 把餅做大 | **第一類：綁架式成長政策**<br>抵銷第二類和第四類政策<br>自動化普及<br>大量採用移工<br>與低成本國家進行自由貿易<br>缺乏填補資金的減稅政策 | **第二類：分享式成長政策**<br>重點政策<br>投資：<br>•研發環境<br>•基礎建設<br>•教育<br>•醫療 |
| | 不把餅做大 | **第三類：禿鷹式政策**<br>避開這些政策<br>減少社會福利和公共服務填補因減稅缺少的資金<br>退步性的稅制改革 | **第四類：平衡用政策**<br>用以抵銷第一類政策<br>提高最低工資<br>提供社會福利給需要的人<br>進步性的稅制改革 |

圖四十五：讓社會團結豐足的政策搭配

議的目標都是促進繁榮和正義，或著用本書的話來說則是豐足與團結。

有趣的是，如果我們瀏覽一下保守黨的二〇一七年宣言，就會發現裡面滿滿都是第二類政策的優秀構想，但可惜的是脫歐分散了所有注意力，負擔不起的敘事也牢牢緊握著魔掌，讓這些構想無從付諸現實。

我們從來不缺好的構想。我們只需要實踐的勇氣。

## 系統性地投資未來非常重要

我們這個社會對未來缺乏系統性的投資。這種缺乏會害苦未來的世代。投資的來源有兩種：私部門只會在「看見」需求的時候投資，而公部門則被負擔不起的敘事牢牢把持。

一旦成功挫敗這種敘事，公部門就可以自由投資基礎研發、教育、預防保健、環境保護和社會基礎建設等私部門即使在繁榮時期也不會投資太多的領域，也就是第二類政策上。

我們已經習於認為私部門充滿活力和創新精神、願意承擔風險，而公部門則官僚、顢頇且缺法效率。然而，瑪麗安娜・馬祖卡托（Mariana Mazzucato）在她的著作《創業型國家》（*The Entrepreneurial State*）中也提到，若非公部門投資推進了基礎建設的進步，私部門的創新數目也不可能這麼驚人。

她以iPhone為例，指出蘋果雖聰明地結合了許多關鍵元素，但當政府出資研發這些元素時，蘋果還只是一家剛起步的企業。iPhone之所以能席捲世界，是因為它結合了非常多創新科技，包括第一台真正的智慧型手機、智慧型助理Siri、完整的上網功能、方便使用的觸控螢幕介面，並創造了全球衛星定位服務（global positioning satellites, GPS）的全新利用方式。

這些元素的存在，都是因為公部門在高風險的初期研發中提供了資金。比如說觸控螢幕是由歐洲核子研究組織（CERN）發明，然後由德拉瓦大學的韋恩・威斯特曼（Wayne Westerman）和約翰・埃里亞斯（John Elias）改良；開發網路的則是是國防高等研究計劃署（Defense Advanced Research Projects Agency, DARPA），CERN的提姆・柏納斯—李（Tim Berners-Lee）創造了全球資訊網（World Wide Web）；全球衛星定位系統也是軍事科技；至於Siri最早則是史丹佛研究所（Stanford Research Institute）為國防高等研究計劃署所發明的技術。沒有政府資助的基礎研發，我們就不會有iPhone。

現在全世界正努力達成減少溫室氣體排放量的承諾。研發成本效益更好的新發電（比如核融合、太陽能、風力和潮汐）及蓄電技術，還有加強能源運用效率的科技，對人類的長期福祉至關重要。這樣的關頭需要政府來推動研究和開發，特別是無法保證商業報酬率的高風險初期研發。

政府的重要性也不只是在於初期科技研發。比如英國這幾十年來對社會基礎建設的投資都不足。保守黨議員史蒂芬．哈蒙德（Stephen Hammond）還是交通副國務大臣（Parliamentary Under Secretary）時這麼描述英國的道路狀況……我們已經幾十年沒有好好投資道路了。世界經濟論壇（World Economic Forum）當時將英國道路網的品質列為權世界第二十四名。相比之下，德法都在前十名。這是因為自一九九〇年開始，法國總共興建了兩千七百公里的新高速公路，比全英國的高速公路網還長。而我們在二〇〇一到二〇〇九年之間只蓋了四十六公里。在一九九〇到二〇〇一年間，英國花在主要幹道上的經費減少了超過八十%。

持續這麼走走停停會造成很大的影響，政府必須認真解決這個問題。因為我們都知道，如果不現在開始改善道路，承受後果的就會是我們的下一代。

住屋的狀況更是嚴重。首席財政秘書（Chief Secretary to the Treasury）對此的說法是：

> 英國的住屋市場面臨著許多歷時許久的問題。住屋的供給數量連續幾十年都跟不上家庭成立的速度，讓房價不斷攀升，許多人負擔不起品質良好的住屋。在一九九九到二〇一〇年之間，每一千名英國居民所分配到的新建住宅比德國還少，和荷蘭相比更少了快三〇%，也比法國少了超過四〇%。

英國每年需要新建二十四萬間住房才能供應所需，但我們每年都離這個目標愈來愈遠。雖然新建住宅受到許多供給面因素限制，比如土地不足、無法發放建案許可、許多誘因讓建商囤地待價。不過值得注意的是，在資本主義的黃金時代早期，公部門比現在的私部門蓋了更多的房子；而在如今負擔不起的敘事緊緊箝握之下，這些住宅就少了很多。而住屋短缺的意義人人皆知，那就是房價正愈來愈讓年輕人負擔不起，住宅自有率也開始下降。就算有人買得起，風險也太過龐大，而受困於租屋的人則有很大一部分的收入要用來支付房租。

防洪措施的相關狀況可說是更為嚴重。二〇〇七年，英國因為超乎當時預期的降雨量，遭受了幾次嚴重的洪災。麥可・彼特（Michael Pitt）爵士當時受任主持洪災研究，以及規劃未來的防洪政策。他在寫給國務大臣的信中表示：

> 去年的洪水造成了我國從二戰以來最大的和平時期緊急危難。氣候變遷的衝擊意味著，將來可能會有愈來愈多類似規模的事件。因此本研究迫切呼籲我國應從根本改革，才能適應更頻繁劇烈的這類降雨。仔細考慮公共利益後，我們探索了可行的方案來解決這些高度複雜的問題。這些建議是艱鉅的挑戰，需要有魄力的人領導國家才能讓它實現。

二〇〇八到二〇一〇年之間，防洪確實獲得了顯著的投資，但在二〇一〇年後，撙節政策讓這些投資被認為是無法負擔的支出，相應預算也大幅萎縮。但就像麥可爵士的預測一樣，二〇一五年又發生了幾次類似規模的洪水，對英國造成的損害據估計有好幾十億英鎊。防洪原本是對英國經濟的重要投資，但為了幫納稅人「省」下幾億英鎊，最後卻讓他們賠了五十億。

顯然除了政府以外，沒有人會花錢提供這類重大基礎建設。而每一個施瓦本的家庭主婦都知道，放著漏水的屋頂或水管不修，一點也不節儉。

美國的狀況也差不多。美國土木工程學會（American Society of Civil Engineers）最近的評估指出，要防止經濟遭受嚴重傷害，二〇二五年以前必須在土木建設上投資三．三兆美金，但他們預期實際上只會有一．九兆，還剩下一．四兆的資金缺口。據估計，如果用這種方式幫美國經濟「省」一．四兆，到了二〇五〇年國內生產毛額將會損失四兆美金以上。

從上述例子可以看到，至少英美兩國都不缺乏高報酬率的計劃，換句話說這些計劃最後都能帶來許多倍的報償。不投資這些計劃是經濟上的嚴重錯誤，真正陷未來世代於貧困的反而是那些負擔不起的敘事。

## 創造正派的競爭市場

資本主義說了一個迷人的故事：只要社會上有需求，就存在商業機會。企業家能利用這個機會，提供產品或服務來滿足需求。在製造產品或服務的過程中，他也會消費其他產品和服務、原料和勞動力，這些是他的成本，而這些成本在市場上的定價，則反映了將其挪作他用的價值。如果扣除成本以後，企業家還能賺得利潤，就代表他為之前消費的產品和服務找到了更高價值的用途，同時也為自己和整體社會創造了價值。

如此這般，明智的自利行為自然會提昇整個社會的福祉。只要資本主義的故事順利進行，追逐利潤就是追求公益。任何人，比如政府要是想干預追逐利潤的過程，都必然會損害公共利益。正是這個故事，讓許多人願意相信自由市場。

可惜，就真實世界的觀察來看，追逐利潤並不總是等於追求公益。菸草公司靠販售香煙賺取更多利潤，顯然就不會促進公益。公司靠低於生活工資的敘薪提高利潤，再讓納稅人去填補其中差距，也很明顯不會促進公益。負債累累還發放大量股利，再宣佈破產掏空員工、供應商和納稅人口袋的公司，也絕對不會促進公益。

二〇一六年英國家庭百貨（British Home Store）就是一例。保守黨議員大衛・戴維斯（David Davis）這麼描述當年的事件：

……資本主義的黑暗面：增加貸款、發放更多股利；在企業倒閉時將風險從私人轉移給大眾；壓低薪資讓納稅人買單。

長話短說，當年的故事是這樣的：二〇〇〇年，菲利普．格林以兩億英鎊買下英國家庭百貨，送給了住在摩納哥的妻子蒂娜（Tina Green），而摩納哥是眾所皆知的避稅天堂。格林也隨後因他對零售業的貢獻受封騎士。格林接著主張這家公司的價值超過他所出的價格，並藉著損益表回撥（write-back）了大約相當於一億英鎊的負商譽（negative goodwill），讓英國家庭百貨顯得獲利驚人。藉著這份獲利能力，他利用英國家庭百貨大舉貸款，榨取了據《金融時報》（*Financial Times*）估計約有十二億英鎊的股利、租金和貸款利息，最後等公司陷入危機，才以一鎊價格賣掉。

一年過後，英國家庭百貨申請管理令程序（filed for administration），一萬一千名職員的工作陷入危機。被格林買下時，英國家庭百貨的退休基金還有盈餘（二〇〇二年約盈餘一千七百萬英鎊）；等到公司破產時，基金已經虧損了五億七千一百萬英鎊。一切正如戴維斯所下的註腳：「英國家庭百貨的故事，在在呈現了現代資本主義許多不受待見的面向，諸如濫用有限責任、漏洞擺出的稅法和錯綜複雜的會計事務。」

然而，這並不是唯一一個資本主義不如理想的例子。美國的次級房貸引發金融海嘯，造成美國銀行體系損失了將近一兆美金，幾乎相當於所有上市公司一年的總利潤，也讓全世界的銀行體系損失慘重。

造成一兆美元的損失是項了不起的成就：假設每一筆房貸平均造成十萬美元的損

失，就需要一千萬筆壞帳才能達成這個結果。這種吞噬整個產業的不良債務代表整個銀行體系都出了問題，而且它對全世界造成的災難性衝擊到現在都還感受得到。英格蘭銀行首席經濟學家安德魯・哈爾達（Andrew Haldane）估計，金融海嘯對全世界造成的衝擊，大約在六十兆至兩百兆美元之譜。

整個金融體系的問題也仍未修復，銀行業的敗德行止依然盛行，這從他們最近因倫敦同業拆放利率（London InterBank Offered Rate）醜聞而遭受的高額罰款就可見一斑。老實說，要修復這個體系確實是一大工程；拿英國來說，銀行業獨立委員會（Independent Commission on Banking）提出了一系列措施，試圖保護世界不再遭受金融海嘯打擊，但委員會主席約翰・維克斯（John Vickers）爵士也擔心在銀行業持續強力遊說下，英格蘭銀行很可能會將委員會建議的措施放寬到無效的程度。

英格蘭銀行前總裁默文・金（Mervyn King）也同意他的擔憂。金在他的著作《鍊金術的終結》（*The End of Alchemy*）中推斷，銀行至少需要保留其資產淨值的十％當作風險緩衝，而非目前普遍的三到五％。而且只要不解決銀行體系的問題，下一次金融海嘯的風險依然很高。而這樣的問題也不限於零售和銀行業。汽車業也被許多有關排氣的醜聞所衝擊，其他產業同樣也有各自的醜聞。

為什麼會發生這種事？難道企業的經營者都是心理變態嗎？也許有一些是，但這些事會發生主要還是因為體制出了毛病。簡單來說，市場資本主義本質上就會對企業主造成大量壓力。經營者會一直感受到提振績效，特別是要提高帳面利潤（reported profit）

的壓力。而實務上最簡單的作法之一，就是成本外部化（externalize cost）。拒絕支付清除污染的成本、壓低工資卻繼續仰賴人力、逃稅、進行短期看來不錯的金融交易（比如發放無法回收的長期貸款），這些手法都能讓帳面利潤變得更好看。

只要存在成本外部化的可能性，許多企業經營者用來提昇利潤的手段，就不再等於追求公益了。甚至也不一定等於為股東追求長期利益。

更糟的是，如果同業裡有兩家類似的公司處於直接的競爭關係，成本外部化比較嚴重的公司就會比競爭者獲得更多利潤。如果能繼續維持這種作法，該公司就能搶走競爭者的市占率，最後將競爭者逐出市場。一旦外部化變得普遍，競爭的力量就會導致劣幣驅逐良幣，徹底違反資本主義的理想。附錄九提出了一個完整範例，說明這種情況是如何運作，以及將成本外部化的公司如何是推動大規模貧困和環境崩潰的。

不過其實很多企業總裁都有崇高的理想，希望讓公司成為一股良善的力量。以英國為例，皇家文藝製造商業學會（The Royal Society for the Encouragement of Arts, Manufactures and Commerce, RSA）多年來都在推廣明日公司（Tomorrow's Company）計劃，希望鼓勵企業同時為股東和社會的長期利益服務。他們發現這是一場艱困的挑戰：

> 英國企業界近來興起一股無法忽視的趨勢。儘管英國的公司在許多領域都非常成功，但投資不足、生產力低下、實質薪資成長低落、員工因為與管理階層脫節感到灰

心，以及公共支持減少等問題都困擾著這些他們。諷刺的是這些公司的股東也沒有獲得多少報酬。

不過好消息是我們已經有了其他方法來經營企業。不像現在把重點放在短期誘因、目標和利潤，新方法著重的是長期目的、內在價值和社會關係。

這些法門確實說起來比做起來容易，短期壓力也著實難以應付。然而，二十年來眾多公司、投資人和政策制定者的共同努力已經證明，只要企業和投資人攜手為了共同目標努力，就有可能達成改變。

經過二十年的奮戰，他們發現如果企業總裁一直面對著交出短期績效的壓力，其他目標就會變成次要考量。

要創造一個能夠限制外部化的市場，政府的角色非常重要。在自由市場裡，惡意會驅逐善意；而在正派的競爭市場裡，善意卻能夠擯除惡意。管制的名聲一直不好，被認為是對企業獲利能力的干預。但如果我們想要一個正派的競爭市場，這種干預就非常重要；缺乏干預的話，大規模的的成本外部化就會繼續發生，並且由整個社會一起承擔，而劣質企業也會有系統地驅逐優質企業。

所有競爭性運動都設有裁判，以保證比賽公平，讓最優秀而非最卑劣的競爭者勝出。很多運動也都有嚴格仔細的禁藥管制。如果管制有所不足，比賽可能會扭曲得非常嚴重——自行車賽多年以來就是這樣，環法自行車賽從一九九五到二〇〇五年的冠軍都從缺，還有好幾年的「冠軍」因為被驗出使用禁藥而遭取消資格。後來自行車賽終於有了更積極仔細的管制，而這項改革中唯一的輸家只有作弊者。誠實的車手現在終於有機會獲勝了。

在企業界也是一樣的道理：要讓資本主義為社會公益服務，實現藝文學會的明日公司願景，就得由政府擔任來擔任裁判這個要角。

主張管制企業是對企業家獲利能力的不當干預，和主張運動規則是對運動員競爭能力的不當限制，是完全一樣的。請銀行業來設計金融監理規範，就像是請全盛時期的禁藥車手藍斯・阿姆斯壯（Lance Armstrong）來為自行車賽設計禁藥檢驗規則一樣。

## 我們曾完成更困難的成就

美國《貿易發展報告》（*Trade and Development Report*）在二〇一七年指出，這種重整民主的計劃顯然早有先例：

小羅斯福總統在一九三〇年代向美國選民所提出的新政，最初的意義是全民共同努力修復大蕭條後的美國經濟與社會，讓一切重歸平衡。他提出了一個著名的正面願景，取代充滿恐懼的社會，而這份對策的兩大支柱，就是創造就業和社會安全。他揚棄了承諾以增稅和減少政府計劃來恢復經濟的撙節政策，提出要增加政府支出並且目標明確地支持不同的區域和行業（從建築業開始），才能復興經濟。再加上強化市場管制，新政的願景才能夠永續；這些管制的起點是約束金融市場，但更重要的原則是要管理競爭。

此外，新政還冀望從勞動市場改革開始，實施進步性的財政措施和社會福利計劃，落實再分配以保護勞工，令結果更為周延。復興、管制、再分配乃是新政的地基……

這些功夫所值得學習之處是：有效的改革應當迅速、大刀闊斧、慷慨闊綽；緩慢漸進的作法很難鼓舞人心，更難更新萬象。

而在這個我們被負擔不起的敘事牢牢掐住的當下，新政的一些觀念也許讓人覺得太激進了。有鑑於此，第二次世界大戰

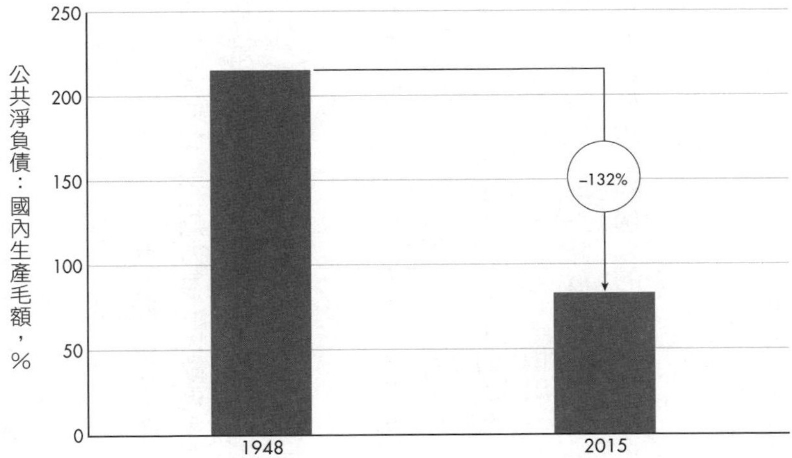


圖四十六：英國一九四八年與當前公共財政之比較（來源：Chantril）

過後，大不列顛是如何做出大膽的決定建立新世界，結果發現一切都負擔得起的過程，值得拿來和我們當前所處的景況比較一番。

當時我們不只能負擔一切，還恰好碰上資本主義的黃金時代開端，走入了一個成長空前的繁榮時期。下表指出，投入在戰爭中的支出讓負債對國內生產毛額的比率超過了兩百%。在那個絕望的時節，政府可以輕易且合理地說他們已經無力為人民做更多事。他們大可直截了當主張，打造福利國家或國民健保這種想法雖然值得讚賞，但完全不切實際，必須等到公共財政恢復健康，搞不好得等上一個世代。換成現在的國內氛圍肯定會選擇這種政策。

但政府卻根據威廉・貝佛里奇（William Beveridge）爵士在一九四二年提出的報告，規劃了一份充滿雄心的報告，要解救不列顛人脫離「欲求（貧困）、疾病、無知、污穢和怠惰（失業）」這貝佛里其所稱的五種巨惡。這份激進的計劃正是要讓英國人民的內心與生活都完全免於這些巨惡。

貝佛里奇列出了創立新福利國家的三大原則。我們可以從第三條清楚看到，解決五巨惡的法門不能只靠國家，也不能只靠個人，而是有賴於國家和個人的建設性合作，而他也考慮了要如何保留誘因和機會讓個人追求進步：

> 第一條原則是，任何攸關未來的提案雖然都要充分利用過去累積的經驗，但也不應囿於那些經驗形成時所鞏固的片面利益。如今一切地標都被戰爭給摧毀，正是我們在白

地上運用這些經驗的時機。我們既身在世界史上的革命時刻，就應變革天命，不要再補綴過去。

第二條原則是，社會保險的組織應只是整套社會進步政策的一部分。完整的社會保險可以提供收入保障，痛擊欲求之惡。但欲求僅是擱在重建大道上的五種巨惡裡，最容易對付的一個。其餘四惡，乃是疾病、無知、污穢與怠惰。

第三條原則是，社會安全必須藉由國家與個人的合作達成。國家應保障服務和物資之充足。在規劃安全的同時，亦不應扼殺誘因、機會與責任；建立全國最低標準的同時，也應為每個人的自主行動保留空間，鼓勵他為自己與家庭爭取最低標準以上的幸福。

第二章的統計結果告訴我們，貝佛里奇是對的，創立國民健保和福利國家的投資不但沒有摧毀進取之心，還帶領國家走進了資本主義的黃金時代。

恢復社會契約不是負擔不起的幻夢，而是恢復經濟活力的鑰匙。

## 第十六章

# 個人的角色

加入社會運動是我生活在地球上的房租。

——愛麗絲·華克（Alice Walker）

要推動改變至少有兩條路可以走：從上而下，由政府等中央權威執行；以及由全體人民自下而上發起。

由下而上的作法毫無疑問曾減輕過某些大規模貧困最嚴重的傷害。慈善團體、教會和社區組織堅持為無家可歸者提供食物銀行和臨時住屋等服務，每年防止了上千人死亡，也緩解了更多人的窮困。也有人為青年和壯年人提供技能訓練，或是在遭受高度剝奪的地區（area of high deprivation）創立新企業，這些努力都為世界創造了難以思量的利益。

但就如我們所見，這些努力遠遠不足以阻止大規模貧困摧毀上百萬人的生活。超過三十五年來，公部門退場、私部門接手的思維，已經被證明有所不足。無論再怎麼誘人，這種依靠人們的志願服務就足以扶持人們自力更生，從而減輕貧困的想法，已經說不太得通了。政府得做出行動。我們**需要**由上而下的行動。但我們需要由下而上的行動來推動政府。這就是個人能夠出力的地方。除非全體人民清楚告訴民意代表，我們不會再忍受大規模貧困，不然政客就會以為我們**願意**忍受，繼續照這種想法規劃政策。我們都能預料到，這種發展將會走向什麼結局。

但你可能會覺得自己沒什麼可以做。你沒有多少權力，也沒有多少閒暇。這樣要怎麼改變世界呢？幸好你並不孤單。很多人和你處於一樣的境況。這代表你的身邊有千千萬萬個你。就算這千千萬人裡，每年只有四分之一各花一個小時間讓政策聽見訴求，影響也十分可觀。

你還可以確定自己買的每一份、消費的所有媒體，都對這些議題採取正面積極的態度，不要繼續付錢給那些編輯方針會延續大規模貧困的媒體。而且要盡量避免把錢花在有系統將成本外部化的企業上。

還有一件事也非常重要，而且完全不花你多少時間：投給最積極應對大規模貧困的政黨或候選人。如果沒有任何政黨能提出可靠計劃，就投給政策最不會加速大規模貧困的政黨。每個人都可以用圈票章、用錢包、用腳投下選票，如果每個人都這麼做，這些選擇加起來就會形成巨大的影響力。

不過，也許你其實有點閒暇時間。或許你是某個政黨或樂施會（Oxfam）、綠色和平（Greenpeace）等非政府組織的成員。如果是這樣，那你就有更多可做了。你可以盡量讓同事注意到本書提到的這些議題、事實和數字。如果你熱心政治，就應該讓政黨提出積極計劃來應對大規模貧困。如果他們不願聆聽，那你可能就入錯黨了。

你的工作也有可能產生影響力。如果你是老師，也許可以幫忙學生了解從幻想中篩出事實的難處和重要性。（比如說，英國政府的債務高到危險的程度，這是事實還是幻想？多數政客和幾乎所有報章都要你相信這是事實，但如果仔細看數據，就會知道這是幻想。）如果你是記者，你可以開始重點報導本書中的事實，打破流行的迷思。如果你是劇作家，這些統計背後也充滿強而有力的故事。如果你是企業家，你可以為建立正派的競爭市場出一份力。

也許你自己就是政治人物或政策制定者。這樣的話，你應該盡一切努力，讓你的政黨提出並實施分享式的成長政策，遠離禿鷹式政策。你擁有旁人所不及的地位，可以為我們亟須的改變做出非凡的貢獻。

讀完這本書以後，請看看「99-percent.org」這個網站，它可以告訴你如何找到資源，比如示範要怎麼寫信給民意代表或是你所在地區關心大規模貧困，且歡迎你提供協助的團體和組織。

你的貢獻大小並不是重點。重點是做出行動。聯合國極端貧窮及人權特別報告員菲利普・奥斯通二〇一八年在英國報告時曾說：「好消息是，只要政府願意承認問題，這些問題都早有解決之方。」我們只需要讓他們承認就好了。

# 結論

看完三百多頁的經濟事實和數據，你可能會以為本書的題目非常複雜，這不怪你。不過其實這些資料都是為了應付可能存在的相反論點，本書真正的主張非常簡單。就是餅雖然愈做愈大，卻有愈來愈多人發現自己分到的份量變得更少。現實世界中沒有什麼能阻止我們把餅分得公平一點，但一直有人引導我們去相信事實如此。只要重整一些常識，就能把餅切得更公平，確保下一代子女能有每好的未來，如此而已。如果朋友問起這本書再寫什麼，就這樣告訴他們。

## ◎第一部分總結

第一部分主張，我們文明的核心特質正在一點一點，以難以察覺的方式慢慢凋萎。如果我們不做點什麼改變這一趨勢，就會在二〇五〇年以前徹底失敗，生活將會低劣到現在的人無法想像的程度，人的壽命也會更短。

從有關整體經濟表現和典型社會成員經濟經驗的資料，我們可以看到資本主義的黃金時代遠比後來的市場資本主義時期更為成功。市場資本主義時期的社會雖然不斷變得更加富裕，但人們卻不知怎麼地開始變窮了。

在美國，推動凋萎最主要的力量是不平等漸增，工資佔國民收入的比例下降，工資分配也愈來愈偏袒上層。而在英國，主要的動力則是工資份額（wage share）下降讓不平等漸增，以及近乎停滯的人均國內生產毛額。這兩國的經驗顯示，把餅做大和公平分餅一樣重要。

從材料科學、醫學進步到先進資訊科技，這些科技突破都意味著人類面對的許多重要問題，在二〇五〇年以前都能夠解決。可惜的是，這也代表在許多方面，僱用人類都會變成不經濟的選項。如果有正確的政策組合，我們或許能邁入科技烏托邦；但如果組合錯誤，等著我們的就是惡夢。二〇五〇年距離現在已然不遠，但沒有任何政黨提出過政策來面對這份挑戰。

貧困所造成的實際影響不只是社會不公而已，貧困的的人學歷和機會都較差，更容易受暴力和健康不佳所累，預期壽命也會減少。將社會上增加的財富用於消除而非加劇貧窮，是真正攸關生死的要務。

資本主義的競賽和其他競賽一樣，勝負取決於努力和技能。不一樣的是，競賽開始時的財富和社會地位也有同樣的決定性。而且這場競賽的規則也不斷被改寫，而有權改寫的幾乎都是頂層一%的人。因此，除非社會上其他人出手阻止，不然規則自然會逐漸變得更有利於富人。如果沒人出手，過去三十五年的趨勢就會繼續，甚至加劇。

如果這個趨勢繼續下去，我們的文明就不太可能留存到二〇五〇年。要嘛是靠暴力催生一個新國家，要嘛是大規模貧困會把人民的生活條件降低到現在人無法忍受的地步。

## ◎第二部分總結

第二部分主張阻礙我們行動的一切都是幻象，這些都是心理建構，而非外在經濟世界的樣貌。如果這些趨勢能繼續下去，都是我們在不知不覺間所作的選擇，而不是必然的發展。

我們正逐漸意識到後事實社會的危險。但我們還沒察覺在制定政策的過程中，後事實思維是多麼根深蒂固。而強化這些後事實世界觀的，則是那些我們頻頻重複，最後信以為真的迷思和比喻。比如私部門總是比政府更有效率、只有私部門能創造就業、政府應用家庭的方式管理財政、低稅率自然會帶來高經濟成長、市場可以也應完全自由，還有市場分配社會財富的方式公平反映了每個人的貢獻。

這些迷思和比喻又在政治修辭，比如金融海嘯源自政府支出無度等一再重複的謊言進一步強化，並讓選民把注意力放在錯的議題上。

甚至就連經濟模型，無論是專業經濟學者所用的複雜數學模型，和多數政客使用的簡化心智模型，其功效也都不合格。如果避免下次金融海嘯、防止長期失業和終結大規模貧窮那麼重要（確實重要），我們就需要能夠解釋和應對這些議題的模型。這些現今常見模型背後的潛在假設，讓它們對這些問題完全無話可說。不但無力解決問題，還會嚴重強化後事實世界觀。

這些經濟模型、迷思、比喻和強力修辭結合起來的結果，就是負擔不起的敘事。這種敘事說，雖然我們很遺憾每六個小孩就有一個要在貧困中長大、土木建設的狀況一年比一年差、醫療照護也處在危機之中，但我們對這些十分無力，因為我們就是負擔不起。這種負擔不起的敘事，就是阻撓我們行動的最大阻礙。它遮蔽了一個單純的事實，就是既然整個社會愈來愈有錢，那現在的我們當然可以負擔得起過去能負擔的東西，而且還能負擔更多。我們只需要選擇這麼做就好。

大規模貧困是政治選擇，不是經濟的必然。阻礙只存在於我們內心。

## ◎第三部分總結

第三部分指出，徹底改變不但可行，而且只需要改進，不必革命。世界上有超過兩百個國家，大多數國家的經濟都是資本主義與政府部門並存。但有的國家表現就是比較好。特別是有一些還超過美國和英國。換句話說，資本主義有許多階調可以選擇，而且要施行哪一種全憑我們的選擇，只是有些種類的效能比我們現在的選擇更為優秀。

根本上來說，我們面臨著一個選擇，一邊是團結豐足的社會，所有成員都能從經濟成長中受益；另一邊是孤立與不安的世界，所有成就都被少數人囊括，絕大多數人都陷入貧困之中。要達成豐足，我們需要溫和卻徹底改變事物的輕重緩急，才能在繼續把餅做大的同時也讓全體人民從經濟成長中獲益。分享經濟成果不一定要讓富人變窮，但仍必須採取行動。以事實為基礎的思想革命才能創造必要的政策，避免革命在街頭爆發。

最應該改變的政策領域總共有五個。首先，我們需要更新民主，言明民選政府的憲政責任，乃是為全體人民而治理，並確立對政府問責的措施。其次，我們需要有清醒的程序，根據事實來制定政策。再者，我們需要大舉投資未來，避免錯誤的經濟思維為了省下今天的一塊錢，卻在不久的將來賠掉十塊。第四，我們需要確保人民能分享經濟成長的利益。最後，我們需要整頓資本主義，確立健康的競爭，讓優良企業能勝過劣質企業，不讓劣幣驅逐良幣。就像自行車賽決定不讓用藥者繼續贏過清白的車手一樣，我們也要下定決心，阻止成本外部化、污染環境和逃漏稅的公司繼續勝過優秀的企業。

只要我們善用自己的角色，改變就會發生。我們之中有些人能夠騰出空閒，在政策上發揮影響力，但大多數人沒有辦法如果我們的身份是前者，當然可以直接推行這種改變。但就算我們缺乏閒暇和影響力，也要記得，我們這些人佔了絕大多數，就算沒有時間和影響力，我們還有選票、錢包和雙腳。加起來，我們就有驚人的力量。

這是一場背水之戰。如果我們不做些什麼，二〇五〇年的世界就會讓多數人都不好過。好消息是，唯一阻擋我們行動的，就是我們的內心；這股我們所抗拒的趨勢完全是政治選擇，而非經濟上的必然。我們的歷史和其他國家的現狀，都告訴我們經營社會有很多方法，其中有一些比我們現在的選擇要好得太多。我們需要一場攸關生命的改變，但這不是推翻一切的革命。改變五個政策領域的常識便已足夠。只要我們都發揮好自己的角色，改變就肯定會到來。

如果只能選本書中的一件事來記得，請記得我們的餅正愈做愈大，每個人分到的餅變小絕非必然的發展。所以我們應該好好計劃，讓所有人在二〇五〇年的世界，都至少過得比現在好一半。

# 附錄

下列附錄皆見於本書原文版網站「99-percent.org」（https://99-percent.org/get-the-facts/appendices/）。如果你是抱持健康懷疑態度的人，網站上還有大量的進一步數據和分析，以及與原始資源連接。請務必上來看一看。

附錄壹——〈現行政策對二〇五〇年的意義〉（*What Current Policies Would Mean for 2050*）（支持第一章論點的分析）

附錄貳——〈黃金時代與市場資本主義時代之比較〉（*Comparison of Golden Age and Market Capitalism*）（支持第二章論點的分析）

附錄參——〈大規模貧困〉（*Mass Impoverishment*）（支持第三章論點的分析）

附錄肆——〈貧困的影響〉（*The Impact of Poverty*）

附錄伍——〈自動化〉（*Automation*）（支持第五章論點的分析）

附錄陸——〈現行政策如何延續大規模貧困〉（*How Current Policy Sustains Mass Impoverishment*）（支持第七章論點的分析）

附錄柒——〈終結迷思〉（*Myth Busting*）（支持第九至十二章論點的分析）

附錄捌——〈幸福社會的條件〉（*What Makes a Happy Society*）（支持第十三章

論點的分析）

**附錄玖**——〈關於創造價值的兩種故事〉（*Two Stories of Value Creation*）

**附錄拾**——〈引用資訊〉（*Bibliography*）（相關數據及引用的所有細節及網站連結）

# 謝辭

沒有數據資料，本書就不會面世。所以我最需要感謝的就是勤勉不倦卻未得到讚許的統計學家蒐集了這些經濟數據。感謝英格蘭銀行、公司登記局（Companies House）、環境、食品與農村事務部（Department for Environment, Food and Rural Affairs）和國家統計局的英國統計學家提供大量的重要資訊。感謝美國商業部經濟分析局、勞動統計局、人口普查局、國會預算辦公室、聖路易斯聯邦儲備銀行、稅務局和精算師辦公室（Office of the Chief Actuary）的工作人員提供無價的數據來源。也感謝經濟合作與發展組織、世界銀行、國際貨幣基金和聯合國的國際專家做的這些貢獻。

當然，只靠這些標準化的數據集不足以完成本書——特別是關於極端富裕和貧困的研究，更是有賴世界各地苦心研究如何填補差距的學者。我要特別感謝Facundo Alvaredo、Anthony Atkinson、湯瑪斯．皮凱提、和伊曼紐爾．薩茲允許我引用他們在世界頂層收入資料庫（World Top Incomes Database，現為世界不平等資料庫，World Inequality Database）中的突破性研究；Nick Balstone為倫敦地鐵畫出了地理精確的地圖；Jeanne Brooks-Gunn和Greg Duncan煞費苦心研究了貧困對兒童的實際影響；社會政策研究中心（Centre for Research in Social Policy）計算了一般生活水準所需的最低收入；Christopher Chantril 整理了英國公共支出的數據；瑞士信貸（Credit Suisse）的國際財富調查；《富比士雜誌》的世界首富排行榜；Carl Benedikt Frey 和 Michael A. Osborne 首先對未來自動化下的工作進行研究；Amy T. Glasmeier 和她的團隊開發了最低收入計算機；益普索莫里公司蒐集了世界各地對氣候變遷所持態度的數據；Payscale.com蒐集了技能價值的數據；皮凱提提供的數據表明，增資回報率與初始投入資金的規模有關；Robert C. Allen指出了工業革命時的工資停滯；薩茲和加比艾爾・祖克蒙對美國長期財富不平等的研究；決議基金會分析了二〇一六年預算對富裕和貧困家庭的影響。艾德華・沃爾夫分析了中產階級的財富縮水；以及世界幸福報告團隊調查哪些國家的人民最為幸福

我也要感謝艾倫・麥克阿瑟基金會允許我借用他們的資訊圖表解釋循環經濟、倫敦交通博物館讓我使用第一份倫敦地鐵的拓樸地圖，以及保守黨允許我使用「工黨不做事」那張海報。

本書還引用了數百人的洞見。我同樣感謝他們，只是礙於篇幅不便在此一一表示。

99-percent.org 網站上的「引用資訊」〈https://99-percent.org/get-the-facts/sources/〉中詳細列舉了所有人的貢獻。

在本書寫作過程中提供鼓勵、指導與建議的人也同樣重要。感謝Jonathan Aldred博士、Nicholas Anderson、Steve Coomber、Louis Cox-Brusseau、Fiona Devine教授、Andrew Harrop、史蒂夫・基恩教授、Tom Kibasi、Ken Lever、Henry Maxey、Piers

Messum、Andrew Prentis、David Pitt-Watson、Hugh Pym、Sten Scheibye、Simon Thomas、Anthony Werner、Raoul Wedge-Thomas、and Rich Wylor-Owen.

Head of Zeus 出版社的團隊也給了諸多協助。感謝 Anthony Cheetham 和 Neil Belton 對這個計劃的信心、Florence Hare 細心的編輯和 Matt Bray 的設計創意。

我也要特別感謝我的經紀人 Peter Cox。沒有他的見識、鼓勵、毅力和決心，這本書也不會面世。

最後，我也要謝謝我的家人。我的妻子希琳，還有我的孩子亨利與蕾拉犧牲他們的生活，給了我寫這本書所需的時間和空間。我愛你們，也永遠感激你們。

新商業周刊叢書　BW0739

# 下流世代

## 我們注定比父母更貧窮

原文書名／99%: Mass Impoverishment and
How We Can End It
作　　者／馬克．湯瑪斯（Mark E. Thomas）
譯　　者／林凱雄、盧靜
責任編輯／陳冠豪
企劃選書／陳美靜
版　　權／黃淑敏、翁靜如、林心紅
行銷業務／莊英傑、周佑潔、王　瑜、黃崇華

總編輯／陳美靜
總經理／彭之琬
事業群總經理／黃淑貞
發行人／何飛鵬
法律顧問／元禾法律事務所 王子文律師
出　　版／商周出版　115台北市南港區昆陽街16號4樓
電話：(02)2500-7008　傳真：(02)2500-7579
E-mail：bwp.service@cite.com.tw
發　　行／英屬蓋曼群島商家庭傳媒股份有限公司 城邦分公司
115台北市南港區昆陽街16號8樓
讀者服務專線：0800-020-299 24小時傳真服務：(02) 2517-0999
讀者服務信箱E-mail: cs@cite.com.tw
劃撥帳號：19833503 戶名：英屬蓋曼群島商家庭傳媒股份有限公司城邦分公司
訂購服務／書虫股份有限公司客服專線：(02) 2500-7718；2500-7719
服務時間：週一至週五上午09:30-12:00；下午13:30-17:00
24小時傳真專線：(02) 2500-1990；2500-1991
劃撥帳號：19863813 戶名：書虫股份有限公司
E-mail: service@readingclub.com.tw
香港發行所／城邦(香港)出版集團有限公司
香港九龍土瓜灣土瓜灣道86號順聯工業大廈6樓A室
電話：(825)2508-6231　傳真：(852)2578-9337
E-mail：hkcite@biznetvigator.com
馬新發行所／城邦(馬新)出版集團
Cite (M) Sdn Bhd
41, Jalan Radin Anum, Bandar Baru Sri Petaling, 57000 Kuala Lumpur, Malaysia.
電話：(603) 9056-3833 傳真：(603) 9057-6622 E-mail: services@cite.my

國家圖書館出版品預行編目(CIP)資料

下流世代：我們注定比父母更貧窮/馬克．湯瑪斯（Mark E. Thomas）著；林凱雄、盧靜譯. -- 初版. -- 臺北市：商周出版：家庭傳媒城邦分公司發行, 2020.04
面；　公分
譯自：99%: Mass Impoverishment and How We Can End It
ISBN 978-986-477-814-0(平裝)

1.經濟危機 2.經濟發展

561.9　　109003347

封面設計／張哲榮　　美術編輯／劉依婷　　印刷／韋懋實業有限公司
經銷商／聯合發行股份有限公司　電話：(02)2917-8022　傳真：(02) 2911-0053
地址：新北市231新店區寶橋路235巷6弄6號2樓

ISBN978-986-477-814-0　版權所有．翻印必究（Printed in Taiwan）
定價／390元

城邦讀書花園
www.cite.com.tw

2020年04月09日初版1刷
2024年09月05日初版2.5刷